HOLEN SIE MEHR AUS IHREM MARCO POLO RAUS!

SO EINFACH GEHT'S!

1 go.marcopolo.de/omv

2 downloaden und entdecken

GO!

OFFLINE!

6 **INSIDER-TIPPS**
Von allen Insider-Tipps finden Sie hier die 15 besten

8 **BEST OF ...**
- Tolle Orte zum Nulltarif
- Typisch Ostseeküste
- Schön, auch wenn es regnet
- Entspannt zurücklehnen

12 **AUFTAKT**
Entdecken Sie die Ostseeküste!

18 **IM TREND**
An der Ostseeküste Mecklenburg-Vorpommerns gibt es vieles zu entdecken

20 **FAKTEN, MENSCHEN & NEWS**
Hintergrundinformationen zur Ostseeküste Mecklenburg-Vorpommern

26 **ESSEN & TRINKEN**
Das Wichtigste zu allen kulinarischen Themen

30 **EINKAUFEN**
Shoppingspaß und Bummelfreuden

32 **WISMAR UND DIE WISMARBUCHT**
32 Boiensdorfer Werder/Salzhaff 34 Boltenhagen 36 Insel Poel 37 Klütz 39 Rerik 41 Wismar

44 **ROSTOCK UND UMGEBUNG**
44 Kühlungsborn 48 Rostock 51 Warnemünde

54 **FISCHLAND, DARSS, ZINGST**
54 Ahrenshoop 57 Barth 59 Born 60 Prerow 62 Ribnitz-Damgarten 63 Wieck 64 Wustrow 66 Zingst

SYMBOLE

- INSIDER TIPP Insider-Tipp
- ★ Highlight
- ●●●● Best of ...
- Schöne Aussicht
- Grün & fair: für ökologische oder faire Aspekte
- (*) Kostenpflichtige Telefonnummer

PREISKATEGORIEN HOTELS

€€€	über 130 Euro
€€	75–130 Euro
€	bis 75 Euro

Die Preise gelten pro Nacht für zwei Personen im Doppelzimmer mit Frühstück

PREISKATEGORIEN RESTAURANTS

€€€	über 16 Euro
€€	9–16 Euro
€	bis 9 Euro

Die Preise gelten für ein durchschnittliches Hauptgericht ohne Getränke

MARCO POLO

OST SEE KÜS TE

MECKLENBURG-VORPOMMERN

MARCO POLO AUTORIN
Anke Lübbert

Gleich nach dem Abi kam sie an die Ostseeküste, um ein großes Segelschiff aufzubauen – und wollte nicht mehr weg. Erst fuhr sie als Bootsfrau auf dem Schiff, danach studierte sie in Greifswald, wo sie heute noch lebt und für überregionale Zeitungen und Zeitschriften schreibt. Umziehen? Keine Option. Ganz schnell würde ihr der tägliche Blick auf Schiffe und Wasser fehlen ...

GRATIS

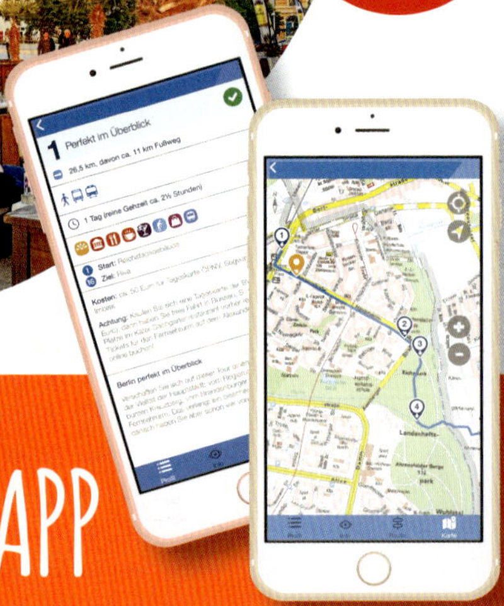

DIE TOUREN-APP

zu den Erlebnistouren zeigt, wo's langgeht: inklusive Tourenverlauf und Offline-Karte

EVENTS & NEWS

Schnell die wichtigsten Infos auf dem Smartphone: Events, News, neue Insider-Tipps und ggf. aktualisierte Erlebnistouren als PDF zum Downloaden

68 **RÜGEN, HIDDENSEE, STRALSUND**
68 Binz 71 Insel Hiddensee
73 Lauterbach 74 Mönchgut
74 Putbus 76 Sassnitz
78 Sellin 79 Stralsund

82 **USEDOM, GREIFSWALD, LASSANER WINKEL**
82 Ahlbeck 85 Bansin
86 Greifswald 89 Heringsdorf
91 Lassaner Winkel
92 Zinnowitz

96 **ERLEBNISTOUREN**
96 Die Ostseeküste perfekt im Überblick 101 Mal geschäftig, mal still: Greifswald an einem Tag 103 Auf Augenhöhe mit den Graugänsen 106 Stille Seen, schöne Wälder: Lassaner Winkel

108 **SPORT & WELLNESS**
Aktivitäten und Verwöhnprogramme zu jeder Jahreszeit

112 **MIT KINDERN UNTERWEGS**
Die besten Ideen für Kinder

116 **EVENTS, FESTE & MEHR**
Alle Termine auf einen Blick

118 **LINKS, BLOGS, APPS & CO.**
Zur Vorbereitung und vor Ort

120 **PRAKTISCHE HINWEISE**
Von A bis Z

124 **REISEATLAS**

138 **REGISTER & IMPRESSUM**

140 **BLOSS NICHT!**

GUT ZU WISSEN
Geschichtstabelle → S. 14
Spezialitäten → S. 28
Lesehunger & Augenfutter → S. 52
Der Fischbrötchenkrieg → S. 80
Feiertage → S. 117
Was kostet wie viel? → S. 121
Wetter → S. 122

KARTEN IM BAND
(126 A1) Seitenzahlen und Koordinaten verweisen auf den Reiseatlas
(0) Ort/Adresse liegt außerhalb des Kartenausschnitts
Es sind auch die Objekte mit Koordinaten versehen, die nicht im Reiseatlas stehen

(🕮 A–B 2–3) verweist auf die herausnehmbare Faltkarte

UMSCHLAG VORN:
Die wichtigsten Highlights

UMSCHLAG HINTEN:
Karten zu Rostock, Greifswald, Wismar und Stralsund

Die besten MARCO POLO Insider-Tipps

Von allen Insider-Tipps finden Sie hier die 15 besten

INSIDER TIPP **Paddeln im Mondschein**
Eine Hafenrundfahrt der ganz anderen Art: Im Kajak paddeln Sie bei einer *Mondscheintour* durch den abendlichen Stadthafen von Rostock. Dabei hören Sie im Lampionschein Geschichten und Anekdoten von Ihren Guides → S. 50

INSIDER TIPP **Aussteiger auf Zeit**
Holz hacken, Ofen anfeuern, Wasser holen: Ein bisschen Arbeit ist der Aufenthalt in den Wagen auf der Obstbaumwiese am *Uanqui Beach* auch. Doch die wird mit Runterkommen in Blitzgeschwindigkeit und Frühstück in Apfelbaumwipfelhöhe belohnt → S. 38

INSIDER TIPP **Wismar durch die Krimibrille**
Freunde der SOKO Wismar und alle, die gern mit Insiderwissen glänzen, kommen um diese *Stadtführung* nicht herum, denn sie hangelt sich an Stationen aus der Krimiserie entlang und lüftet einige deren Geheimnisse (Foto re.) → S. 43

INSIDER TIPP **Alle auf die Bäume**
Darßtour geht mit Ihnen klettern – ohne fest installierte Anlagen, mitten im Darßwald → S. 61

INSIDER TIPP **Das sieht nicht jeder**
Zwischen Leuchtturm und Inselblick ist man schnell dran vorbeigelaufen: Versteckt auf der Westseite des Dornbuschs auf Hiddensee zweigt der Weg zum *„Titanic-Blick"* ab → S. 71

INSIDER TIPP **Segeln statt segeln lassen**
Nele und Till legen mit ihrer Pommerschen Jagtquatze *Ernestine* in Lauterbach auf Rügen ab. Wer mitkommt, wird nicht durch die Gegend gefahren, sondern setzt Segel, steht am Ruder und hält nach Robben Ausschau → S. 73

INSIDER TIPP **Im Bann der alten Maschinen**
In der Stralsunder *Spielkarten-Fabrik* dürfen Sie selbst Motive entwerfen. Und dann ran an die Offsetdruckmaschinen → S. 80

INSIDER TIPP Kaffeekränzchen
Zeitreise! Auf der Terrasse des *Forsthauses Fangel*, versteckt im Wald von Neu-Sallenthin auf Usedom, trägt der Kellner Fliege und serviert den Kaffee kännchenweise → S. 85

INSIDER TIPP In der Wildnis Usedoms
Florian Schröder nimmt Sie auf dem Dach seines Landrovers mit auf seine *Usedom-Natur-Safari*. Zu seinen Lieblingsorten, ins Hinterland → S. 83

INSIDER TIPP Es riecht so gut hier ...
Nicht nur schnuppern ist im *Duft- und Tastgarten Papendorf* erlaubt. Kräuter, Blätter und Blüten dürfen auch angefasst und in Maßen gepflückt werden → S. 91

INSIDER TIPP Landidyll
Eben noch Trubel in Kühlungsborn, dann sitzen Sie plötzlich in der *Alten Büdnerei*. Pferde wiehern, Hühner gackern, und der Kaffee kommt. Klingt sehr idyllisch. Und ist auch so → S. 45

INSIDER TIPP Wohnkunst
Urlaub im *Museum Atelierhaus Rösler-Kröhnke* in Kühlungsborn bedeutet, in einem der farbigen, harmonischen Kunstwerke zu wohnen. Mit einem Museum nebenan → S. 46

INSIDER TIPP Auf Kräuterpirsch
Wenn man sie nett fragt, nimmt Martina Böhme ihre Gäste in Born mit auf eine *Wildkräuterwanderung* auf dem Darß → S. 60

INSIDER TIPP Der Darß mit Kick
Nicht dass die Landschaft das nötig hätte. Darßwald und Weststrand (Foto li.) sind auch zu Fuß oder auf dem Rad überwältigend schön. Aber der *Ausritt zum Darßer Ort* sorgt für einen neuen Kick → S. 56

INSIDER TIPP Immer mittendrin
Der *Kulturkalender* öffnet Ihnen die Tür zu Greifswalds kulturellem Leben. Sei es Kino auf Segeln im Museumshafen, finnische Akkordeonmusik oder Trash-Theater – Sie wissen Bescheid → S. 88

BEST OF ...

TOLLE ORTE ZUM NULLTARIF

Neues entdecken und den Geldbeutel schonen

SPAREN

Blick ins Atelier

800 Künstlerinnen und Künstler in ganz Mecklenburg-Vorpommern machen Ihnen ein Pfingstgeschenk und öffnen bei *Kunst offen* ihre Ateliers, Gärten und Werkstätten. So haben Sie einmal im Jahr die Chance auf einen direkten und persönlichen Zugang zur Kunst – und den Künstlern → S. 116

Literatur-Infusion

Wenn der Urlaub verregneter oder entspannter wird als gedacht und Sie Ihre mitgebrachten Bücher schon nach zwei Tagen ausgelesen haben, müssen Sie sich keine neuen kaufen. Im Zingster *Max-Hünten-Haus* können Sie Bücher und Filme kostenlos ausleihen. Auch eine Kinderabteilung gibt es → S. 115

Von wegen tot

Im *Café Miluh* in Klütz zeigt sich die Provinz höchst lebendig. Donnerstags spielen Musiker aus der Region auf. Anders als die Konzerte oder das Kino am Wochenende ist das „Tönen und Klönen" komplett kostenlos. Und: Sie können mitmachen, die Bühne steht jedem offen → S. 38

Kunst im Hafen

Wo früher die Hafenwärter schliefen, die den Hafen von Wismar am Abend mit einer Kette dichtmachten, können Sie heute wechselnde Ausstellungen besichtigen. Der Eintritt ins *Baumhaus* ist frei → S. 41

Kein Konsumzwang

Im Rostocker *Freigarten* ist nicht zwingend das Getränk die Eintrittskarte in den Biergarten. Unter den Bäumen zu sitzen, die Atmosphäre zu genießen oder ins Gespräch mit anderen zu kommen geht auch so klar → S. 50

Vergessen Sie den Königsstuhl!

Der Blick vom Königsstuhl auf Rügen kostet Eintritt. Aber den können Sie sich sparen. Wenn Sie eine Weile auf dem *Hochuferweg* (Foto) wandern, dann reiht sich ein spektakulärer Blick an den anderen. Buchenwald oben, Klippen und Meer unten → S. 77

Diese Punkte zeichnen in den folgenden Kapiteln die Best-of-Hinweise aus

TYPISCH OSTSEEKÜSTE

Das erleben Sie nur hier

Küste mit zwei Gesichtern

Das Meer hat in Mecklenburg-Vorpommern ein Vorne und ein Hinten. Vorne Ostsee, hinten eingeschlossene Salzwasserbuchten: Bodden, Haff oder Achterwasser. Beides hat eigene Tier- und Pflanzenwelten, Lichtverhältnisse und Stimmungen. Besonders schön wird's, wenn beide Küsten an einem Ort zu erleben sind. Wie in *Rerik* → S. 39

Heimatgeschichte

Bei all der touristischen Infrastruktur vergisst man gern, dass die Menschen an der Küste bis vor 150 Jahren ihren Lebensunterhalt noch ganz anders verdienten. Der *Museumshof Zingst* (Foto) vermittelt nicht nur Lokalgeschichte, sondern verrät Ihnen auch, weshalb die Einheimischen ihren Heimatort nicht als Touristenziel oder Seebad verstehen, sondern in erster Linie als Ort der Kapitäne und Seefahrer → S. 67

Weiße Eleganz

Gleichzeitig lässig und vornehm wollte die Bäderarchitektur wirken, eine Casual-Variante der Stadtvilla, in der das Bürgertum im 19. Jh. wohnte. Bei einem Spaziergang in *Heiligendamm* kommen Sie den Ursprüngen dieses Architekturstils auf die Spur → S. 47

Frischer Fisch

In fast jedem Hafen an der Küste finden Sie einen Fischer, der seinen Fang direkt vom Kutter aus verkauft oder vor Ort räuchert – wie die Mönchguter *Fischräucherei Dumrath* auf Rügen → S. 74

Mal was Neues ausprobieren

Das geht hier überall: einfach mal rauf aufs Kiteboard oder testen, wie es sich auf einem wackeligen SUP-Board steht. Beste Bedingungen dafür hat das *Boardway Wassersportzentrum* bei Lubmin → S. 89

Abseits der Wege

So beeindruckend Kurhaus und Seebrücke auch sind – die schönsten Plätze finden Sie in Mecklenburg-Vorpommern im Abseits, wo die Grundstückspreise sinken und Platz für kreatives Chaos ist. Zum Beispiel für einen halbwilden Garten und einen Laden mit lokalen Produkten um und in der *Villa Kunterbunt* auf der Halbinsel Gnitz → S. 95

TYPISCH

BEST OF ...

SCHÖN, AUCH WENN ES REGNET

Aktivitäten, die Laune machen

REGEN

Endlich (Museums-)Zeit

Bei Sonnenschein hat man fürs Museum ja nie genug Zeit. Aber jetzt, wo es regnet, können Sie im *Pommerschen Landesmuseum* in Greifswald in Ruhe in die Gemälde- oder die ur- und frühgeschichtliche Sammlung eintauchen → S. 88

Rätselstunden

Zu viel darf hier nicht verraten werden. Aber wenn Sie im Rostocker *Escape Room* gemeinsam Rätsel lösen, wird das vielleicht einer der aufregendsten Regentage Ihres Lebens → S. 49

Unterm Blätterdach

Baumwipfelpfad? Bei Regen? Natürlich, denn ein großer Teil des Pfads bei Prora ist quasi überdacht – weil er sich etagenweise in die Höhe schraubt und der nächsthöhere Holzbohlenweg als Dach fungiert. Und über Ihnen ist noch ein Blätterdach (Foto). Ihre Regenjacke sollten Sie trotzdem einpacken → S. 68

Einfach mal abtauchen

Sieben Tage Regenwetter? Dann tauchen Sie bei der *Ostseebasis Rerik* ab. Unter Wasser kriegen Sie vom dunklen Himmel und den Wolken fast gar nichts mit. Und nass werden Sie ja sowieso → S. 40

Heißer Tee am Ofen

Wenn draußen der Regen prasselt, sitzen Sie mit einer Tasse Tee auf dem Sofa im *Café Rosengarten* in Zingst. Und sollte es richtig ungemütlich sein, wird sogar der Kachelofen angeheizt → S. 67

Blick in bunte Meerestiefen

Im *Deutschen Meeresmuseum* in Stralsund bringen bunte Fische viel Farbe ins Regengrau. Wenn es nach dem Rundgang immer noch regnet, können Sie noch einen Kaffee mit Blick auf Haie und Meeresschildkröten trinken → S. 80

ENTSPANNT ZURÜCKLEHNEN

Durchatmen, genießen und verwöhnen lassen

ENTSPANNT

Wohlfühlurlaub rundum

Das Ökohotel *Gutshaus Stellshagen* versteht sich als Ort für einen nachhaltigen Wohlfühlurlaub. Das wird auch in den Details umgesetzt – von der Einrichtung der Zimmer über Sauna, Schwimmteich bis zur Verpflegung: Das Salatbuffet z. B. ist auch eine Freude für die Augen → S. 38

Reizüberflutung ade

Rasante Entschleunigung gibt es im Garten des *Herrenhauses Büttelkow*. In einem der Liegestühle können Sie zählen, wie viele Autos am Tag vorbeifahren. Es sind nicht viele. Währenddessen flattern Schmetterlinge um Sie herum. Und im Gebüsch rascheln Igel → S. 40

Großstadtinsel

Der *Klostergarten* in Rostock ist grün und ruhig. Wenn Sie Kinder haben, schicken Sie sie auf den Spielplatz. Und setzen sich selbst mit einem Kaffee auf eine der Bänke. Und dann atmen Sie nur ein paar Schritte vom Großstadttrubel entfernt einfach mal ganz tief durch → S. 48

Greifswalder Abendsonne

Alle sind schon da. Das Ende eines jeden Sommertags wird im Greifswalder *Museumshafen* (Foto) gefeiert. Holen Sie sich ein Bier bei einem der Kutter, suchen Sie sich einen Platz an der Pier und legen Sie die Füße hoch! → S. 88

Birnensaft am Webstuhl

Und wieder eine Reihe ... Mit den Händen arbeiten kann meditativ sein, z. B. am Webstuhl im Pulower *Webcafé*. Sie können aber auch nur im wilden Garten Birnensaft trinken → S. 92

1001 Nacht in Stralsund

Hitze und Wasser entspannen. Der Hamam im *Hansedom* oder eine der anderen orientalisch angehauchten Saunen sind das Richtige nach einem langen Tag in der Stadt oder am Strand → S. 81

AUFTAKT

ENTDECKEN SIE DIE OSTSEEKÜSTE!

1700 perfekt komponierte Küstenkilometer gehören zu Mecklenburg-Vorpommern: steinige Abschnitte, an denen man Donnerkeile und Fossilien findet, ***Steilküste***, die jäh zum Wasser abfällt, Sandstrand, der zwischen den Zehen knirscht. Küstenwälder mit ***Buchen***, unter denen im Frühling die Buschwindröschen blühen. Alle paar Kilometer gibt es diese Stellen, an denen man stehen bleibt. Weil man glaubt, jetzt aber wirklich den Blick gefunden zu haben, der alle anderen übertrifft. Es lässt sich wenig dagegen tun, dass jeder Roadtrip zwischen Boltenhagen und Ahlbeck automatisch unter das Motto „Große Freiheit" rutscht. Denn immer wieder mogeln sich Sehnsuchts- und Fernwehsymbole ins Aussichtspanorama: ein Segelboot, das am Horizont auftaucht, eine Küstenseeschwalbe, die über dem Wasser kreist.

Diese Küstenlinie, übrigens die längste Deutschlands, ist auch der Grund, weshalb es trotz kräftiger Wachstumsraten – Mecklenburg-Vorpommern hat gerade Bayern als beliebtestes innerdeutsches Reiseziel abgelöst – locker möglich ist, den einen, quasi ***eigenen Strand*** zu finden, an dem man immer mal wieder für ein paar Minuten ganz allein ist, an dem nur die Geräusche der Natur zu hören sind. Wem so viel Ruhe suspekt ist, dem bleiben die (Hanse-)Städte. Stralsund und Wismar, deren Innenstädte

Bild: Kreidefelsen im Nationalpark Jasmund auf Rügen

so gut erhalten sind, dass sie ins Unesco-Weltkulturerbe aufgenommen wurden. Mit schmalen Kopfsteinpflasterstraßen und Kirchtürmen aus rotem Backstein, die immer auch Seezeichen sein mussten. Und den protzigen, sanierten ***Kaufmannshäusern*** aus der Hansezeit. Ist das hier eine Zeitreise? Bei einem Spaziergang über den Stralsunder Marktplatz werden Sie sich manchmal wie in einem Freilichtmuseum fühlen. Die Epoche der Hanse überstrahlt als ***goldenes Zeitalter*** auch noch die jüngere Geschichte: Fast unbeschadet haben die Innenstädte den Zweiten Weltkrieg überstanden. Und größtenteils auch den langsamen Verfall während der DDR-Zeit. Trotzdem sind diese Städte mehr als leblose Denkmäler ihrer eigenen Vergangenheit, sondern entwickeln sich weiter. Nicht ohne Bruch, aber gerade deshalb bemerkenswert, fügt sich z. B. der moderne Bau des Ozeaneums in den historischen Hafen von Stralsund. Und wenn in Wismars historischer Altstadt das Publikum zu Open-Air-Konzerten strömt, wird die Stadt selbst zur Bühne.

> **Bei Open-Air-Konzerten wird die Altstadt Wismars zur Bühne**

Noch lebendiger geht es in Rostock und Greifswald zu. Die Städte haben die beiden ***ältesten Universitäten*** im Ostseeraum. Und Clubs und Szenecafés, Museen, Ateliers und Musikkneipen, in denen man die Nacht durchfeiern und den anschließenden Tag, Matjesbrötchen in der Hand, am Strand vergammeln kann. Die Innenstädte voller Studenten und junger Leute mit Kinderwagen lassen daran zweifeln, dass Mecklenburg-Vorpommern ein Problem mit dem Bevölkerungsrückgang hat. Wirklich? Wer das nicht glauben mag, der kann sich auf einem Abstecher ins Binnenland davon überzeugen. Denn während die Küste wirtschaftlich ganz gut auf der Welle des ***Tourismusbooms*** reitet, steht nur ein paar Kilometer von der Küste entfernt jedes dritte Haus leer. Keine Läden, keine öffentlichen Treffpunkte, die wenigen Jugendlichen hängen an Bushaltestellen herum. Huch, da ist er plötzlich, der marode Charme des Binnenlands mit seinen Brachen und Agrarlandschaften.

Je nachdem, wen Sie fragen, werden Sie einen anderen Blick auf dieses Land bekommen. Auch wenn die Wende lange her zu sein scheint, teilen viele Menschen hier ihr Leben in ein Davor und ein Danach ein. So wie man die Brüche in den Biografien erst auf den zweiten Blick sieht, geben auch die Städte und Dörfer erst bei genauem Hinschauen ihre ***Geheimnisse*** preis. Besuchen Sie dazu mal eines der auf den ersten

- **ab 7. Jh.** Slawische Stämme siedeln an der Ostseeküste, der Handel im Ostseeraum floriert
- **12. Jh.** Massentaufen und Klostergründungen
- **13. Jh.** Rostock, Wismar, Stralsund und Greifswald gelangen in der Hanse zu Wohlstand
- **15. Jh.** Gründung der beiden ältesten Universitäten Nordeuropas in Rostock und Greifswald
- **16. Jh.** Adelige verpflichten Bauern zunehmend zum Hofdienst, Gutshöfe entstehen

Blick verstaubt wirkenden Heimatmuseen oder gehen Sie in das älteste Museum des Lands, das Stralsunder Museum für Stadtgeschichte, ins Pommersche Landesmuseum in Greifswald oder ins Kulturhistorische Museum in Rostock.

Wenn Sie ***Lust am Entdecken*** haben, machen Sie sich auf die Suche nach den kleinen, besonderen und versteckten Orten. Und nach den Menschen, die ***abseits des Mainstreams*** ihre eigene Version von Hotel oder Imbiss, Dorfgemeinschaft oder Künstlerschuppen umsetzen und selbst gerösteten Kaffee, selbst geräucherten Fisch, selbst gebrautes Bier verkaufen. Die gibt es überall, selbst in den teuren und im Sommer übervollen Seebädern. Apropos Seebäder: Heiligendamm, Binz und Heringsdorf gehören zu den ältesten und berühmtesten in Deutschland. Mit Seebrücke und Pro-

Keines gleicht dem anderen: Giebelhäuser in der Stralsunder Mühlenstraße

- **1648** Westfälischer Frieden: Bis 1903 gehören Teile von Mecklenburg und Pommern zu Schweden
- **19. Jh.** Die Leibeigenschaft wird aufgehoben; Abwanderung in Städte
- **1939–45** Die Städte bleiben im Zweiten Weltkrieg von Bomben weitgehend verschont
- **1952** Das 1945 gegründete Bundesland Mecklenburg wird in drei Bezirke aufgeteilt
- **1953** Pensionen und Hotels werden durch die „Aktion Rose" verstaatlicht

menade, Sehen und Gesehenwerden. Sie verströmen immer noch ein herrschaftliches Flair.

Klar, das muss man mal erlebt haben, doch egal, wo Sie sind, es lohnt sich, auch die entlegeneren Regionen zu besuchen, z. B. auf Fischland-Darß-Zingst die ***Boddenkette***, auf Usedom das Achterwasser und auf Rügen den Strelasund und den Greifswalder Bodden. ***Traditionsreiche Badeorte***, verfallene Dörfer, Universitätsstädte voller Leben, alte Fischerorte und lebendige Künstlersiedlungen. Die Wahrheit über Mecklenburg-Vorpommern liegt irgendwo zwischen Shantychorromantik und Arbeitslosenstatistik, Viersternehotel mit Meerblick und Plattenbausiedlung.

> **Es lohnt sich, auch die entlegeneren Orte zu besuchen**

Nirgendwo in Deutschland leben so wenige Menschen auf einem Quadratkilometer wie hier. Das ist mindestens gut für die Natur, die größte, die ***alles überragende Sehenswürdigkeit*** in Mecklenburg-Vorpommern. Allein an der Küste liegen zwei von insgesamt 14 Nationalparks in Deutschland. Aber nicht nur in den Nationalparks, die offiziell und als Daseinsberechtigung die Wildnis pflegen, finden Sie ***atemberaubend schöne Natur***. Da wären z. B. auch noch die Flusstäler der Peene, der Warnow, der Trebel, wilde Küstenabschnitte, Kastanien- und Lindenalleen, Biosphärenreservate, in denen Schafherden Kulturlandschaften erhalten. Natur ist sogar da, wo Sie sie nicht erwarten würden: Entdecken Sie sie z. B. bei einer Kanutour entlang den Kais im Rostocker Stadthafen. Sowieso sollten Sie, sooft es geht, ***rauf aufs Wasser***: die Küste von der Wasserseite aus betrachten, Robben, Kraniche und Seeadler durchs Fernglas sichten, ein Gespür für Wellen und Wind bekommen. Überall an der Küste können Sie Kajaks oder Ruderboote leihen, kiten, segeln oder surfen (lernen). Und wann immer es möglich ist, lassen Sie das Auto stehen. Machen Sie eine Radtour. Oder eine Wanderung. Wenigstens einen Spaziergang!

Das Wetter haben Sie dabei meistens auf Ihrer Seite. Zwar wird es an der Küste selten richtig heiß, doch dafür scheint die ***Sonne***! Und zwar so richtig. Auf den drei ersten Plätzen einer Studie des deutschen Wetterdiensts von 2016 über die sonnenreichsten Orte liegen mit Zinnowitz auf Usedom, der Insel Greifswalder Oie im Greifswal-

ab 1990 Das Bundesland Mecklenburg-Vorpommern entsteht wieder

1992 Das Pogrom in Rostock-Lichtenhagen bildet bundesweit den Höhepunkt der Gewalt gegen Ausländer

2003 Die Innenstädte von Stralsund und Wismar werden Weltkulturerbe

2016 Mecklenburg-Vorpommern ist Deutschlands beliebtestes Urlaubsland

2017 Manuela Schwesig wird die erste Ministerpräsidentin des Bundeslands

Nicht hoch, aber wunderschön: die Zicker Berge, die sich über die Halbinsel Mönchgut wellen

der Bodden und Arkona auf Rügen gleich drei Orte an der mecklenburg-vorpommerschen Ostseeküste. Das im Vergleich zu Nordwestdeutschland kontinentalere Klima sorgt dafür, dass die Sommer ***niederschlagsarm und warm*** sind. Trotzdem empfiehlt es sich, einen Pulli mehr und eine Mütze einzupacken – Wind weht hier nämlich auch.

Und wo ist es nun am schönsten, welcher ist der „Ort der Orte"? Schwer zu sagen bei all diesen Plätzen, an denen man automatisch die Kamera zücken will. Ist es der Dornbusch, das ***hügelige Hochland*** von Hiddensee? Der Darßer Ort im Westen oder Pramort im Osten der Halbinsel Zingst? Die langen Strände im Westen Mecklenburgs? Usedoms Wäldchen am Hang?

An der Kreideküste von Rügen liegen Baumriesen wie gestrandet auf halber Strecke mitten im Ostseewasser, das die Kreide türkis färbt. Hier wandert man in einem dichten Buchenwald über Holztreppen vorbei an plätschernden Bächen, schaut den Möwen von oben auf ihr Gefieder und weit draußen auf ***Fischerboote*** und Fähren. Wäre die Küste eine perfekt komponierte Sinfonie, dann müsste das hier ihr Schlusssatz sein, der absolute Höhepunkt. Den man natürlich erst so richtig genießen kann, wenn man auch die anderen Sätze gehört, äh, gesehen hat.

Wäre die Küste eine Sinfonie, müsste das hier ihr Schlusssatz sein

IM TREND

1 Das mach' ich selbst

Wiederverwerten DIY ist angesagt. Die Mitglieder der *Kabutze (Di 10–14, Do 16–20 Uhr | Friedrich-Loeffler-Str. 44a | www.kabutze-greifswald.de)* in Greifswald geben Nähkurse und helfen bei verunglückten Nähprojekten. Dabei geht's auch darum, Ressourcen zu schonen und heil zu machen, was noch nicht weggeworfen werden muss. Das gilt beim monatlichen *Repair-Café* auch für Technik, Fahrräder und Möbel. Etwas Ähnliches macht das Rostocker *Upcycling Atelier (Platz der Freundschaft 1)*. Hier wird aus einer alten Jacke eine neue Tasche, aus Stofffetzen eine Schultüte.

2 Kneipenkultur

Mitmachen Ins Café oder eine Kneipe zu gehen heißt für das Publikum in Mecklenburg-Vorpommern immer öfter nicht ausschließlich feiern und entspannen. Sondern auch zuhören, ins Gespräch kommen, Kultur erleben und mitmachen. Zum Beispiel bei einer offenen Jamsession im Rostocker Restaurant *Carlo 615 (Warnowufer 61 | carlo615.de)*, bei einem Open-Mic-Abend in einer Bar in Wismar oder einer Podiumsdiskussion in der *Brasserie Hermann* (s. S. 89) in Greifswald.

3 Immer gratis online

Vernetzen Vor allem in größeren Städten gibt es Freifunkinitiativen, die an zentralen Orten stabile, offene WLAN-Netze zur Verfügung stellen und pflegen. Die Idee ist, kostenlosen Zugang zum Netz für alle zu gewährleisten – auf dem Greifswalder Marktplatz *(greifswald.freifunk.net)* etwa, aber auch an vielen Orten in Rostock *(wiki.freifunk.net/Freifunk_Rostock)* und Wismar und auch auf dem Dorf. Für die Freifunkengagierten eine Art, sich ihre Städte anzueignen.

An der Ostseeküste Mecklenburg-Vorpommerns gibt es vieles zu entdecken. Das Spannendste auf diesen Seiten

Experimente zu Wasser

4

Neues für Brettsportler „Stand-up-Paddling ist in den letzten Jahren als Trend durch die Decke gegangen", sagt Peter Goldbach vom Loissiner *Boardway Wassersportzentrum* (s. S. 89). „Nun wird ausgetestet, was sich mit dem Brett noch alles machen lässt. Polo spielen z. B. oder Yoga auf dem SUP." Goldbach ist dabei, eine eigene Erfindung zu optimieren und vielleicht marktreif zu machen: das Tandemtrapez, mit dem es möglich ist, zu zweit zu kiten. Auch beim Kitesurfen gibt es einen neuen Trend: Kitefoiling. Das Board fährt dabei quasi auf einer Tragfläche, ist schneller und kommt höher an den Wind. Foilen geht nicht nur am Greifswalder Bodden, sondern auch in Warnemünde: Auch die Crew von *Supremesurf* (s. S. 53) bietet neuerdings Kitefoiling-Kurse an.

Gemüse vom eigenen Hof

5

Ernte teilen Genau wissen, was man isst, selbst Möhren säen und Kartoffeln ernten. In Vorpommern begeistern sich viele Städter für die solidarische Landwirtschaft (SoLaWi). Über Anteile an der Greifswalder Gärtnerei *Frisches für Freunde (www.frisches-fuer-freun.de)* versorgen sie sich mit Gemüse und Obst, beim Hof *Schwarze Schafe (home.hof-schwarze-schafe.de)* im Lassaner Winkel kriegen die Mitglieder Brot und Schafprodukte. In Rostock versorgt die *SoLaWi Rostock (www.solawi-rostock.de)* über 120 Haushalte. Die Idee: Die Bauern sparen sich Marketing und Markttage, Ernteausfälle werden auf alle umgelegt, die Konsumenten nehmen Anteil am Hofgeschehen und haben einen direkteren Bezug zu ihrem Essen. Bedeutet: Feta gibt's nicht, wenn das Lamm die Milch braucht.

FAKTEN, MENSCHEN & NEWS

ROCKSTARS DER KÜSTE

Überall Paparazzi! Wenn im Herbst die Kraniche zur Abenddämmerung auf den Feuchtwiesen am Hafen von Zingst landen, stehen sie Auge in Auge mit Hunderten auf sie gerichteter Kameras und Spektive. Manche Vogelfans nehmen die sehnsuchtsvollen Rufe sogar als Souvenir auf Band auf. Aber die Kraniche sind nicht die einzigen Rockstars der Küste. Viel Wirbel gibt es auch um die Kegelrobben. Auf den Beobachtungsschiffen, die im Sommer regelmäßig in Gager, Lauterbach oder Peenemünde ablegen, drängen sich Urlauber mit Ferngläsern. Dass sich die bedrohten Robben im Greifswalder Bodden wieder wohlfühlen, feiern die Vorpommern als Sensation. Auch die beinahe schon ausgestorbenen Seeadler gebärden sich wie echte Promis. Um einen zu sichten, braucht man entweder Glück oder viel Geduld, und ihre Lieblingsrastplätze werden als Geheimtipps gehandelt. Hier schon mal einer: Im Mündungsbereich der Peene sitzen sie gerne auf halb verrotteten Holzdalben in Ufernähe.

FREIE FAHRT

Erster Ferientag und kein Stau. Die Kilometer rauschen vorbei, ohne dass ein anderes Fahrzeug auch nur in Sichtweite kommt. Der Puls beruhigt sich, der Adrenalinspiegel sinkt. Man wähnt sich auf einer gottverlassenen amerikanischen Fernstraße, irgendwo im Mittleren Westen. Bis eine Autobahnabfahrt kommt, die „Sanitz" oder „Grimmen

 Bild: Kraniche auf dem Darß

Wo Kraniche und Seeadler fliegen, die Milchstraße leuchtet und es noch echte Freiräume gibt

West" heißt. Mecklenburg-Vorpommern eben. Leider gibt es auch eine schlechte Nachricht: Dieses Fahrvergnügen ging auf Kosten der Umwelt. Schon beim Bau der A 20 (1997–2005) machten Umweltschützer mit Protestcamps und Demos auf die Zerstörung vieler Lebensräume aufmerksam. Und bezweifelten, dass die Autobahn wirklich gebraucht würde. Sie zerschneidet sensible Lebensräume. Das Peenetal. Das Trebeltal. Das Warnowtal. Dass die Umweltschützer nicht unrecht hatten, erwies sich im Nachhinein. Meist fahren auf der Ostseeautobahn nämlich nur halb so viele Autos wie geplant, kurz vor der polnischen Grenze sind es mit nur noch 10 000 Fahrzeugen pro Tag kaum mehr als auf einer durchschnittlichen Landstraße. Nur eben ohne Tempolimit.

MIT ODER OHNE?

Am Strand aalen sich Urlauber in Badehose und Badeanzug. Angezogen! Na und, denken Sie? Tja, was überall anders als normal gilt, ist hier ein echter Aufreger. An den Stränden von Mecklenburg-Vorpommern erwartet man Nackte. Schließlich hatten die Urlauber schon in den 1950er-Jahren ihrem autoritären Staat das Recht, nackt zu baden, abgetrotzt. Die komplette DDR-Zeit über behielt das Nacktbaden seine subversive Note, und nach der Wende mussten Urlauber und Einheimische die Freikörperkultur ein zweites Mal verteidigen – diesmal gegen die Westdeutschen. Aber seit ein paar Jahren sind die sonnenbadenden Nackten auf dem Rückzug, die Blütezeit des FKK ist spürbar vorbei. Viele Seebäder haben die FFK-Abschnitte an die Peripherie verlegt, auch weil gerade die Jüngeren mittlerweile lieber angezogen baden.

Romantik is' nich': Die Küstenfischerei ist ein Knochenjob – mit unsicherer Zukunft

WEISST DU, WIE VIEL STERNLEIN STEHEN?

In Mecklenburg-Vorpommern ist es dunkler als anderswo in Deutschland. Und dieser Rekord ist ein guter. Denn vor die Tür treten und die Milchstraße sehen ist laut einem 2016 erschienenen Lichtverschmutzungsatlas für eine wachsende Zahl an Menschen in Europa längst keine Selbstverständlichkeit mehr. Doch außerhalb der größeren Orte geht das an der mecklenburg-vorpommerschen Küste fast überall. Perfekt, um den Großen Wagen oder die Plejaden zu sichten und zu staunen, *wie viele* Sterne es gibt. Und wem dunkel noch nicht dunkel genug ist, der sollte eine nächtliche Bootstour auf der Ostsee machen.

GIB MIR NUR EIN WORT

Sorry, liebe MV-Natives, aber das hier ist die Wahrheit: Man stellt eine Frage. Nur eine kleine. Und wirklich ganz freundlich! Und wartet. Die Uhr tickt, der Bus, den man kriegen wollte, fährt ab, der Telefonanruf, den man hätte entgegennehmen können, ist längst Nachricht auf der Mailbox. Mit Glück kommt irgendwann eine Antwort. Mit noch mehr Glück ist sie länger als ein, zwei Worte. „Ich bin eben ein Fischkopp." So erklären Menschen an der Küste gern ihre Einsilbigkeit. Und stehen bemerkenswert selbstbewusst zu dieser eher nervigen Angewohnheit. Dass die Leute hier zugeknöpft sind, ist ein Klischee mit einem Körnchen Wahrheit. Sollten Sie so einem wortkargen Mitmenschen begegnen: Bleiben Sie dran. Bleiben Sie höflich. Und probieren Sie es so lange mit entwaffnender Freundlichkeit, bis sie endlich kommen, die erlösenden Worte.

ECHT WILD

Steilküsten, die abstürzen dürfen, wie sie wollen. Bäume, die umfallen und einfach liegen bleiben. Natur gibt es vielerorts, aber echte Wildnis? Die schönsten, wirklich allerschönsten Orte an der Küste sind die ungezähmten, die wilden. Dass es davon überdurchschnittlich viele gibt, ist einem Greifswalder zu verdanken. Auf der letzten Sitzung des Ministerrats der DDR gelang Michael Succow 1990 als stellvertretendem Umweltminister ein Coup: Sieben Prozent der Fläche der gesamten DDR wurden kurzerhand unter Naturschutz gestellt. Allein deshalb gibt es im Land drei Nationalparks. Der Nationalpark Vorpommersche Boddenlandschaft ist der größte im Bundesland und der drittgrößte in Deutschland. Succow, heute 75 Jahre alt und Professor für Landschaftsökologie und Naturschutz, sieht das als „eine der Erfolgsgeschichten der deutschen Einheit". Und erzählt gerne launige Sidestorys rund um sein Meisterstück. Wie er z. B. auf dem Weg nach Bonn zu Umweltminister Klaus Töpfer liegen blieb, weil sein Trabbi unterwegs alle vier Reifen verlor. Zum Glück kam er dennoch rechtzeitig an. Man kann sich leicht ausmalen, wie schnell ansonsten Bettenburgen, Industrieflächen und Wohnsiedlungen entstanden wären, wo heute Kraniche brüten, Buchenwälder mit grünen Kuppeldächern protzen und Salzwiesen wachsen.

LOST IM FUNKLOCH

„Kann sein, dass ich gleich weg bin, ich sitze gerade im Zug ..." Erreichbarkeit ist in Mecklenburg-Vorpommern so eine Sache. Überall gibt es Funklöcher, Orte, wo jeder, der telefonieren will, auf einen Hügel wandern oder die eine Stelle am Fenster aufsuchen muss, an der zwei, drei Balken ein halbwegs störungsfreies Gespräch ermöglichen. Neben schlechter Erreichbarkeit gibt es noch ein anderes Problem: Je dichter man der polnischen Grenze kommt, umso größer die Wahrscheinlichkeit, dass das Handy sich ins (oft stärkere) Netz des Nachbarlands einloggt. Mau sieht's auch mit schnellem Internet aus. Auf dem Land haben nur 15 Prozent aller Haushalte einen Breitbandanschluss. Die Schweriner Regierung hat gerade eine Breitbandoffensive gestartet: In zwei Jahren sollen es dann über 80 Prozent sein. Solange das Öffnen einer Website noch ähnlich lange dauert wie damals mit dem Modem, kann man sich immerhin damit trösten, dass nichts so gut entschleunigt, wie das Smartphone auszuschalten. Manchmal muss man zu seinem Glück eben gezwungen werden.

ESST HERING!

Frühmorgens sieht man in einem Hafen wie Wieck (Greifswald), Freest oder Lauterbach die Fischer in orangenem Ölzeug auf ihren Holzkuttern rausfahren. Archaische Bilder, irgendwie handfest und uralt. Fischer ist nicht umsonst die Sorte von Beruf, die in jedem zweiten Kinderbuch auftaucht. Dabei geht's den Fischern schon lange nicht mehr gut, die industrielle Fischerei hat die Bestände ausgedünnt, die Preise sind zu niedrig. Die von der Europäischen Kommission festgelegten Fangquoten sollen verhindern, dass die Bestände von Dorsch und Hering noch weiter zurückgehen. Bei den Fischern sind diese Quoten unbeliebt, sie verweisen gern auf ihre als nachhaltig geltende Form der Stellnetzfischerei. Überall auf dem Bodden, an den flachen Stellen der Ostsee und in den Flussmündungen sieht man die roten und schwarzen Fischerfähnchen. Ihren Fang vermarkten die Ostseefischer meist gemeinsam, in Fischereigenossenschaften. Dort gibt es oft auch Fischläden und einen Imbiss. Wenn Sie Fisch mögen: Kaufen Sie ihn da! Das unterstützt die lokalen Fischer. Bei Hering, Aal, Flunder, Zander, Hornfisch, Hecht, Barsch, Meerforelle, Lachs, Schnäpel, Meeräsche und Dorsch gibt es Chancen, dass sie aus der Region stammen. Nachzufragen, wo der Fisch herkommt, lohnt sich. Auch im Restaurant.

Von Hühnergöttern und Donnerkeilen

Um sie zu finden, kriechen Leute auf den Knien herum, starren minutenlang auf ein paar Quadratzentimeter Spülsaum. Hier die wichtigsten Fossilien der Küste:

Donnerkeile: graubraun, länglich, versteinerte Beine von Tintenfischen, mindestens 65 Mio. Jahre alt. *Chancen, sie zu finden:* genug für alle da. *Wo:* Kreideküste. *Was man damit machen kann:* Donnerkeile wurden früher als Heilmittel gegen Krankheiten jeder Art verwendet, vielleicht funktioniert das ja immer noch ... In einem Korb auf der Fensterbank sammeln – wegen ihrer Farbe sieht man den Staub nicht so.

Seeigel: versteinerte Schalenreste von Seeigeln mit strahlenförmigen, von der Mitte ausgehenden Abdrücken. *Chancen, sie zu finden:* geht so. *Wo:* Kreideküste. *Was man damit machen kann:* angeben. Kindern die Erdzeitalter erklären.

Hühnergötter: schwarz-weiße Feuersteine mit Loch. *Chancen, sie zu finden:* Feuersteine gibt's haufenweise, meist haben sie kein Loch. *Wo:* überall. *Was man damit machen kann:* mehrere Hühnergötter auf eine Kette fädeln. Angeblich wurden sie früher in den Hühnerstall gehängt, damit das Geräusch, das beim Aneinanderschlagen der Steine entsteht, den Fuchs vertreibt. Und es bringt Glück, wenn man durch ein Hühnergottloch den Horizont fixiert.

Bernstein: goldgelb, honigfarben bis weißlich. Versteinertes Harz aus kreidezeitlichen Wäldern. Manchmal mit Insekteneinschluss. *Chancen, ihn zu finden:* nach Sturmtagen ganz okay, sonst schwierig. *Wo:* Darßer Weststrand, Hiddensee-Weststrand, Strand Peenemünde, vor allem nach Sturm. *Was man damit machen kann:* als Schmuck tragen natürlich.

Keine Trendschmiede

„Wenn die Welt untergeht, ziehe ich nach Mecklenburg, da passiert alles 50 Jahre später", soll angeblich Bismarck mal gesagt haben. Er hat vielleicht ein bisschen übertrieben, aber grundsätzlich nicht ganz unrecht. Beispiel Tapasbars: Während diese überall in deutschen Großstädten Ende der 1990er-, Anfang der 2000er-Jahre aus dem Boden schossen, eröffnete die erste Greifswalder Tapasbar erst vor ein paar Jahren. Die zweite folgte dann schnell. Man kann es auch positiv sehen: Was hier ankommt, ist woanders schon gründlich getestet und für gut befunden worden. Dabei gibt es aber gerade in den Unistädten Rostock oder Greifswald auch Orte, die grooven, deren Puls mit der Zeit schlägt.

LEERSTELLEN UND FREIRÄUME

„Kann man da noch Urlaub machen?" Nachdem die AfD bei der Landtagswahl im Herbst 2016 über 20 Prozent der Stimmen bekam und in Vorpommern Direktmandate holte, stellten sich gleich mehrere überregionale Zeitungen diese Frage. Nach 1990 haben viele Menschen das Bundesland verlassen, seit der Wende ist die Hälfte aller Schulen geschlossen worden. Man sieht und spürt das, wenn man über Land fährt. Die Löhne sind niedrig, Rechtsextremismus ein echtes Problem. Aber: Im Mangel liegen auch Freiräume und Chancen. Weil es keine Restaurants und Läden mehr gibt, gründen die Leute Gemeinschaftscafés und Kooperativen, schließen sich zu Fahrgemeinschaften zusammen und experimentieren mit Wohnformen. Das lohnt sich zu entdecken. Und was den Rechtsextremismus betrifft: Kommt alle! Das ist jetzt noch wichtiger als zuvor.

GOLDEN AGE

Nichts wären Stralsund, Rostock, Wismar und Greifswald ohne die Hanse. Oder jedenfalls nicht so schön. Vom 12. bis zum 17. Jh. bestand der Städtebund, in dem zeitweise fast 300 Städte Mitglied waren. Mit ihren bauchigen Frachtschiffen, den Koggen, brachten die Kaufleute aus dem Ostseeraum ihre Waren bis nach Bergen und Nowgorod, Brügge und Schonen. Handelten mit Getreide und Heringen, Pelzen und Holz, Salz und Tuch. Welche Macht und welchen Reichtum dieser Zusammenschluss den Städten an der Küste brachte, sieht man an den prachtvollen Stadtkirchen oder am Stralsunder Rathaus. Rund um die Marktplätze und in den Innenstädten haben herrschaftliche Kaufmannshäuser die Jahrhunderte überdauert. Die mecklenburg-vorpommerschen Hansestädte beteiligen sich auch an den rotierenden „Hansetagen der Neuzeit", die 2018 in Rostock stattfinden.

Der Handel machte Stralsund zu einer der reichsten Hansestädte – wie man am Rathaus sieht

ESSEN & TRINKEN

Das große Thema beim Essen ist – Überraschung – Fisch. Dazu Kartoffeln, fertig. Aber ganz so leicht ist es dann doch nicht. Schon allein, weil es nicht jeden Fisch zu jeder Jahreszeit gibt.

Hering z. B., der ***Inbegriff des Ostseefischs***, wird im März und April gefangen, und zwar nur so lange, bis die Fischer ihre Quoten abgefischt haben. Im Frühjahr kommt der Hering nämlich zum Laichen in die Bodden und Flussläufe, besonders gern in den Greifswalder Bodden. Wenn die ***Heringszeit*** vorbei ist, hat ein paar Wochen lang der Hornfisch mit seinen grünen Gräten Saison. Ungefähr so lange, wie der Raps blüht. Und was bleibt dann noch für den Rest des Jahres? Im Sommer landen Zander, Hecht, Barsch und Aal aus dem Bodden, Flunder, Dorsch, Lachs, Meerforelle und Hering aus der offenen Ostsee in Töpfen und Pfannen. Etwas ganz Besonderes ist der ***Ostseeschnäpel***, ein silbriger, lachsartiger Fisch, der als Delikatesse gilt. Alles, was Ihnen darüber hinaus an Fisch angeboten wird, kommt vermutlich nicht von hier.

Ganz so einfach ist das Thema Fisch auch deshalb nicht, weil die Fangquoten seit Jahren sinken – durch die industrielle Fischerei sind die Bestände ausgedünnt. Wenn Sie die verbliebenen Fischer unterstützen wollen, kaufen Sie Ihren Fisch ***direkt bei ihnen***. Die Boddenfischer haben sich in Genossenschaften zusammengeschlossen und betreiben schonende Stellnetzfischerei. Direktvermarktung und Veredelung von Fischereiprodukten

 Bild: Matjes mit Kartoffelsalat

Alles Fisch. Nur welchen kann man überhaupt noch essen? Welcher stammt aus der Region? Und was kommt sonst noch auf die Teller?

läuft schon und ist weiter im Kommen, aber noch ausbaufähig. Was eigentlich selbstverständlich sein sollte, nämlich dass im Restaurant am Hafen auch der Fisch der lokalen Fischer in der Pfanne brät, ist eher eine Ausnahme. Was auch an der Nachfrage liegt. Also, lieber mal auf Rotbarsch und Seelachs verzichten und mit 'ner Flunder vorliebnehmen.

Insgesamt kann man sich die Küstenküche wie den Entstehungsprozess eines ***Gemäldes*** vorstellen, bei dem nach und nach immer mehr Farben dazugekommen sind. Hier wie überall kam ursprünglich das auf den Teller, was eben so da war: Fisch, Wild, Fleisch von Hühnern und Schweinen, Kohl, Rote Bete, Möhren, Steckrüben. Gerade im Winter war das Angebot dürftig, und das Ergebnis ist eine eher arme, reduzierte Küche, in der es darauf ankommt, ***satt zu werden***. Was trotzdem lecker sein kann, aber eben nicht sehr vielfältig ist. Was sich bis heute durchzieht, ist die Bedeutung von Wild. In einem eher menschenleeren Land gibt's viel davon, und Wildschwei-

SPEZIALITÄTEN

Arme Ritter – Altes Weißbrot wird mit einer Masse aus Milch, Eiern, Zucker und Salz bedeckt, in Butter gebraten und mit Himbeersirup übergossen
Buttermilchsuppe mit Schwarzbrot – Mit Buttermilch abgelöschte Mehlschwitze, die mit Dill und anderen Kräutern gewürzt wird. Dazu gehören geröstete Schwarzbrotstückchen
Eingelegte Bratheringe – Gebratene Heringe, die in einer Essigmarinade ein bis zwei Tage durchziehen
Grüner Hering, gebraten – Gesalzene, in Mehl gewendete Heringe werden gebraten, mit Zitrone, Senf und Lorbeer bedeckt und mit einer Esssigmarinade begossen. Dazu Brat- oder Pellkartoffeln
Labskaus – Durch den Fleischwolf gedrehtes Rinderpökelfleisch, das mit Kartoffelstampf, Zwiebeln, Roten Beten und eventuell Hering vermischt wird. Mit eingelegter Roter Bete und Spiegelei verspeisen (Foto re.)
Matjeshering – Matjes ist ein junger, in Salz eingelegter Hering, der gern mit viel frischem Salat und Stampfkartoffeln gegessen wird
Mecklenburger Rippenbraten – Rippchen werden übereinandergelegt, mit Äpfeln, Backpflaumen und Paniermehl gefüllt und mit Zucker und Zimt gewürzt. An drei Seiten zusammengenäht, werden sie im Ofen gebraten. Dazu gibt's Gurkensalat und Kartoffelstampf
Rote Grütze – Eingekochte rote Beerenfrüchte, die mit Stärke angedickt sind und mit Vanillesauce, Eis oder einfach Milch serviert werden (Foto li.)

ne, Rot- und Damwild kommen oft aus dem nächsten Wald.
Neue Farbtöne brachte die ***Schwedenzeit*** aufs imaginäre (Speise-)Bild. Der Mecklenburger Rippenbraten wird seither mit Dörrobst geschmort, und an den Rotkohl gibt man in Pommern süßere Äpfel und mehr Zucker als anderswo. Auch in vielen anderen Gerichten findet sich diese schwedische, süßsaure Note. Süß geht natürlich auch gut als Nachtisch: Von den Klassikern wie Arme Ritter und Hagebuttenkompott weiß heute kaum noch jemand. Übrig geblieben ist aber die rote Grütze. Die aß man früher meist mit Milch, heute auch gerne mit Vanillesauce oder Eis.
In den letzten Jahrzehnten ist das Küchengemälde ***deutlich bunter*** geworden: Die 40 Jahre Zugehörigkeit zur DDR

reichten aus, um Borschtsch, die russische Kohlsuppe, und Soljanka so fest zu etablieren, dass man sie heute überall bestellen kann. Spätestens seit der Wende findet auf den Speisekarten ***Globalisierung*** statt, eine Farbexplosion sozusagen. Auch in Mecklenburg-Vorpommern gibt es kulinarisch mittlerweile alles. Das bereichert unbestreitbar sehr. Und ist gleichzeitig ökologisch manchmal fragwürdig. Was die ***Spitzenküche*** betrifft – die hat in den letzten fünf Jahren gewaltig an Fahrt aufgenommen. Mittlerweile kochen zehn Sterneköche an den Küsten, und damit ist Mecklenburg-Vorpommern unter den neuen Bundesländern Spitzenreiter. Viele renommierte Köche bemühen sich darum, in den internationalen Menüs ***lokale Einsprengsel*** unterzubringen. Und: Immer mehr Restaurants haben Regionalität und Bioessen für sich entdeckt, nehmen lieber den Apfel von nebenan als Litschis von weit weg. Was natürlich nur funktioniert, wenn eben das auch bestellt wird. Womit wir wieder bei der Flunder wären ...

Auch wenn es bisher noch nicht so klang: Die meisten Restaurants haben auch zwei, drei ***vegetarische Gerichte*** auf der Karte. Für Veganer wird's ein bisschen schwieriger. Restaurants, die keine Tierprodukte verarbeiten, finden Sie zuverlässig in den Städten wie Rostock, Greifswald und Stralsund. Bei beliebten Restaurants lohnt sich gerade während der Saison eine Tischvorbestellung, viele Läden haben außerdem günstige Mittagsangebote. Wenn Sie gern nachmittags unterwegs sind, dann sollten Sie Kaffee trinken gehen, denn gerade in der Cafészene ist ***viel in Bewegung***. In vielen kleinen, persönlichen Läden werden Kuchen und zum Teil aufwendige Torten selbst gebacken, der Kaffee kommt nicht selten aus lokalen Röstereien und ist manchmal sogar fair gehandelt.

Apropos Kaffee. Was ist mit Getränken? Wenn es nach den Einheimischen geht: lieber Bier als Wein und eher Wasser als Saft. Obwohl Mosten seit Jahren ein Trend ist, und sogar viele Gastgeber in den Unterkünften den Gästen ***selbst gemosteten Saft*** anbieten oder außer Haus verkaufen. Auch bei der Craft-Bier-Bewegung mischt Mecklenburg-Vorpommern

Regionale Vitamin-C-Spritze: Sanddorn wächst fast überall an der Küste

mit kleine, regionale Brauereien gibt es allerorten. Ähnlich beliebt ist Selbstgebranntes, das bei den stark alkoholischen Getränken sogar dem quietschgrünen, erstaunlich beliebten „Pfeffi", dem Pfefferminzlikör, den Rang abläuft. ***Klassisches Küstengetränk*** ist daneben Grog: heißes Wasser mit Rum und Zucker. Wenn's gesünder, aber auch lokal sein soll, dann bestellen Sie einen Sanddornsaft. Der schmeckt auch warm gut. Aber nur mit viel Honig.

EINKAUFEN

Große Shoppingerlebnisse erwarten Sie in Mecklenburg-Vorpommern eher nicht. Wenn Sie trotzdem ein Andenken oder Geschenk aus dem Urlaub mitbringen wollen, das Licht und Meer irgendwie konserviert, dann gucken Sie mal in den zahlreichen Ateliers von Kunsthandwerkern, Künstlern und Designern vorbei, die oft lokale Einflüsse aufnehmen und künstlerisch umsetzen. Da finden Sie bekannte Tiere und Pflanzen auf Keramik oder Stoffen wieder. Nehmen Sie sich Rohstoffe mit nach Hause – Gemüse, Fleisch oder Fisch aus der Region – oder bereits verarbeitete Produkte wie Kaffee, Bier oder Saft.

BERNSTEIN

Am schönsten ist es natürlich, wenn Sie den Bernstein selbst finden. Sollten Sie jedoch am Strand kein Glück gehabt haben, können Sie ihn auch kaufen. Fein geschliffen oder naturbelassen, als Ohrstecker, an einem Lederband oder einer Silberkette. Besonders wertvoll werden die Steine durch Einschlüsse von Insekten oder Pflanzenteilen aus der Kreidezeit. Einige Künstler bauen Bernsteine auch in Skulpturen aus Naturmaterialien ein. Dem Stein werden übrigens alle möglichen Heilkräfte nachgesagt. Je nachdem, wen man fragt, soll er Babys das Zahnen erleichtern und Hunde vor Zecken schützen.

DARSSER TÜREN

Keine Kleinigkeit, zugegeben, aber wenn Sie jeden Tag an die sandigen Wege mit den kleinen Kapitänshäusern auf dem Darß erinnert werden wollen, dann nehmen Sie sich doch eine der bunten Darßer Türen mit nach Hause. Ihre farbigen Motive sollen Haus und Bewohner vor Unglück und Unwetter schützen. Die *Kunsttischlerei Roloff (Lange Str. 30 | Tel. 038233 4 65 | www.kunsttischlerei-roloff.de)* in Prerow tischlert Ihnen Ihre Traumtür (Wartezeit mehrere Monate). Wenn Ihnen das zu lange dauert oder Sie gerade keine Tür brauchen, können Sie auch eine kleine „Miniatür" zum Selbstbemalen mitnehmen.

FISCH

Geräuchert hält sich der Ostseefisch ein paar Tage, sodass Sie noch beim Abendbrot am heimischen Küchentisch dem salzigen Geschmack nachspüren können. Falls Sie mehr wollen: Einige Geschäfte

Zum Einkaufen braucht man nicht extra an die Küste zu kommen. Schöne, regionale Produkte gibt es trotzdem an allen Ecken

schicken Ihnen den Fisch sogar noch Wochen oder Monate nach dem Urlaub per Post nach Hause.

FISCHLANDKERAMIK UND FAYENCEN

Weiß-blau bemalte Keramik hat in der Region eine lange Tradition. Künstler, die im weitesten Sinne in diesem Erbe stehen, gibt es z. B. auf Rügen. In Götemitz verziert *Peter Dolacinski (www.dolacinski.de)* seine schlicht-schöne Keramik in Fayencetechnik mit blauen Booten, Fischen und Leuchttürmen. Besonders hübsch ist auch die Fischlandkeramik von *Friedemann Löber* (s. S. 56) bei Ahrenshoop, auf der sich Bäume vor dem Wind wegducken, Fische oder Kraniche tummeln. In der dritten Generation ritzt und malt er die Familienmotive in die blaugraue Gebrauchskeramik. Jedes Stück ist ein Unikat, jede Linie hat einen anderen Schwung, jeder Kranich hebt das Bein ein bisschen anders.

SANDDORN

„Hoch stand der Sanddorn am Strand von Hiddensee", sang Nina Hagen mal. Tatsächlich ist der Strauch mit den kleinen, orangegelben Beeren eine Küstenpflanze, die gerne in den Dünen wächst. Sanddorn steckt in Saft oder Bonbons, Sirup oder Duschgel und hat Unmengen von Vitaminen. Deswegen gilt der Saft als sehr gesund, ist aber so sauer, dass er pur im Hals kratzt. Sie können vielerorts Sanddornprodukte kaufen, aber die Beeren im Spätsommer auch selbst sammeln. Achtung: Die Stacheln sind fies!

TRINKBARES

Viel besser als der Saft aus dem Supermarkt schmeckt der von der Streuobstwiese nebenan. Zum Glück gibt es zunehmend mehr Mostereien an der Küste, aber auch Brennereien, Röstereien und Brauereien, bei denen Sie lokalen Saft, Schnaps, Kaffee und Bier kaufen können.

WISMAR UND DIE WISMARBUCHT

Wismar thront mit seiner Weltkulturerbe-Altstadt wie eine Königin an der westmecklenburgischen Küste. Und degradiert schon seit dem Mittelalter alles andere kurzerhand zu Hinterland. Zu sehr schönem Hinterland allerdings. Rund um das Seebad Boltenhagen und die kleine Stadt Klütz hat sich eine alternative Urlaubsszene entwickelt mit Bioläden und -hotels, Kleinkunst und Höfen. Auch auf die Insel Poel reisen Urlauber, die mehr Lust auf Strandspaziergang als auf Stranddisco haben. Vor allem im Juli und August geht es am Salzhaff ein bisschen lauter, aber immer noch entspannt zu. Kitesurfer haben die Wassersportorte Boiensdorf, Pepelow und Rerik in den letzten Jahren für sich entdeckt und in Besitz genommen.

BOIENSDORFER WERDER/ SALZHAFF

(128 A–B 3–4) (*∭ E5*) **Weil Wassersportler die flache Küste des Boiensdorfer Werders und des Salzhaffs lieben, haben sich die Dörfer Boiensdorf (520 Ew.) und Pepelow (500 Ew.) zu Hotspots für Surfer und Kiter entwickelt.**

SEHENSWERTES

NEUBURGER KIRCHE

Die Kirche ist aus dem frühen 13. Jh. und eine der ältesten in Mecklenburg. Um

 Bild: Fischerboot auf dem Breitling vor Poel

Zwischen Lübeck und dem Salzhaff liegen Buchten ohne Kurtaxe, Surferstrände und eine der schönsten Städte im Nordosten

sich die aufwendige Ausmalung im Kircheninneren anzusehen – und das sollten Sie –, brauchen Sie den (riesigen!) Schlüssel. Den gibt es neben gutem Blechkuchen in der Bäckerei nebenan. Und daneben finden Sie eine Rarität: einen echten Dorfladen! *Neuburg*

ESSEN & TRINKEN

CAFÉ SABÖ

Hoch her geht es hier im Frühjahr, wenn die Sandmanns ihren Spargel ernten, im Hofladen verkaufen und im Café servieren. Aber auch im Rest des Jahrs bekommen Sie Spezialitäten vom Hof und aus der Region. *Tgl. | Dorfstr. 16 | Nantrow | Tel. 038426 22 79 97 | www.saboe.de* | €€

FREIZEIT & SPORT/ ÜBERNACHTEN

OSTSEECAMPING AM SALZHAFF

Beste Voraussetzungen für Surfer und Kiter und alle, die es in diesem Urlaub werden wollen: ein Campingplatz direkt am Wasser und mit einer *Kitesurfschule (Tel. 0381 46 07 70 71 | www.kite-surfers.de)*, wo der Umgang mit Brett und Segel erlernt und vertieft werden kann. *Seeweg 1 | Pepelow | Tel. 038294 786 86 | short.travel/omv9 | €*

SAN PEPELONE

Tatsächlich: Hier stehen Palmen neben Kiefern. San Pepelone ist ein Surf- und Kitedorf, in dem Sie wohnen, essen, Wellnessangebote nutzen und natürlich Wassersport machen können. Das Feriendorf wirbt mit „mediterranem Flair". Das bedeutet: sehr viel Terrakotta, sehr viele Säulen. *60 Wohneinheiten | Sandweg 1 | Pepelow | Tel. 038294 142 03 | €€*

AUSKUNFT

TOURISMUSZENTRUM MECKLENBURGISCHE OSTSEEKÜSTE

Kühlungsborner Str. 2 | 18236 Kröpelin | Tel. 038292 86 13 | www.salzhaff-ostsee-ferien.de

BOLTENHAGEN

(127 D2) (🗺 D6) **Ganz Boltenhagen (2500 Ew.) passt zwischen die Strandpromenade, die eigentlich eine Allee ist, und die Mittelpromenade mit Läden, Restaurants und Hotels. Der Badetourismus hat hier Tradition: Boltenhagen ist nach Heiligendamm das zweitälteste Seebad in Mecklenburg-Vorpommern.** Zum Ort gehört auch *Tarnewitz*, eine künstliche Insel, auf der zur NS-Zeit geheime Militäraktionen durchgeführt wurden und die nach dem Zweiten Weltkrieg das DDR-Militär übernahm. Wo mal Marineschiffe festmachten, liegen Yachten, drumherum entstand ein Hotelkomplex.

Übers Wasser laufen – und zwar sehr weit – können Sie auf der Boltenhagener Seebrücke

ESSEN & TRINKEN

KLEINE BÜDNEREI

Wirsing mit Zanderfilet, dazu Salat mit Wasabisauce: Die Büdnerei kombiniert –

sehr gelungen – regionale und internationale Zutaten. Donnerstags Barbecue auf der Gartenterrasse. *Tgl. | Mittelpromenade 33 | Tel. 038825 3 78 03 | www.kleinebuednerei.de* | €€

CAFÉ LINDQUIST
Her mit den Zimtschnecken! Pia Lindquist lässt Sie an alten finnischen Familienrezepten teilhaben. *Di geschl. | Mittelpromenade 36 | www.cafe-lindquist.de*

FREIZEIT & SPORT

WANDERUNG NACH STEINBECK
Eine Wanderung an den Stränden und Steilküsten rund um Boltenhagen dürfen Sie sich nicht entgehen lassen. Ungefähr 7 km sind es nach *Steinbeck*, wo Sie im *Steinbecker Hofladen (Mitte März–Anf. Nov. tgl. | www.steinbecker-hofladen.de)* Ihren Rucksack mit Fleisch, Wurst, Marmelade, Eiern füllen können. Als Sofortmaßnahme bei knurrendem Magen gibt's Kaffee und Kuchen.

AM ABEND

INSIDER TIPP ZUM KLAUSNER
Einheimische zum Anfassen oder wenigstens Ansprechen begegnen Ihnen hier. Regelmäßig spielen Bands. Und sowieso ist diese Kneipe wunderbar lebendig, echt und laut. *Tgl. | Tarnewitzer Str. 18*

ÜBERNACHTEN

VILLA SEEBACH
Lust auf Seebadnostalgie? Dann ist das älteste Haus im Ort Ihre Adresse. *14 Zi. | Mittelpromenade 28 | Tel. 038825 3150 | www.villa-seebach.de*

WICHERNHAUS
Nicht gerade frisch saniert, aber wahrscheinlich die günstigste Übernachtungsmöglichkeit in Boltenhagen. Zudem trennen Sie nur eine Straße und die Dünen vom Meer, und – interessant für Literaturfans – das Frühstück wird in Fritz Reuters ehemaligem Ferienhaus angerichtet. *19 Zi. | Dünenweg 13a | mobil 0176 44 48 34 63 | www.wichernhaus.de* | €

AUSKUNFT

TOURIST-INFORMATION
Ostseeallee 4 | 23946 Ostseebad Boltenhagen | Tel. 038825 36 00 | www.boltenhagen.de

ZIEL IN DER UMGEBUNG

STEINZEITDORF KUSSOW
(126 C3) (*🕮 C6*)
Nicht gerade komfortabel! Nach einem Besuch im Steinzeitpark (13 km südlich) sind Sie voller Respekt für unsere Vorfahren. In diesem Freilichtmuseum ist alles zum Anfassen: von den Steinzeitwerkzeugen über 10 000 Jahre alte Getreidesorten bis zu alten Haustierrassen. Zudem

MARCO POLO HIGHLIGHTS

★ **Alter Hafen Wismar**
Schöne Blicke und viel Geschichte zwischen Speicher und Segelyachten → S. 41

★ **Klützer Winkel**
Ruhe und viel selbst gemachte Kultur gibt es rund um das Städtchen Klütz → S. 37

★ **Marktplatz Wismar**
Historische Schauer im Unesco-Weltkulturerbe → S. 42

★ **Schloss Bothmer**
Barocke Pracht – mit Wassergraben und Alleen → S. 37

können Sie beim Schauweben und -töpfern zusehen. *April–Okt. tgl. 10–17, Nov.–März Mo–Do 10–15 Uhr | Eintritt 4 Euro | www.steinzeitdorf-kussow.de*

INSEL POEL

(127 E1–2) (*🗺 D–E 5–6*) **Selbst wenn Sie ursprünglich nicht nach Poel (2500 Ew.) wollten, aber in der Gegend sind: Fahren Sie doch mindestens einmal über den Damm auf die Insel. Dann können Sie ja wieder umdrehen.** Sonst verpassen Sie nämlich diesen Blick. Salzwiesen, auf denen Pferde grasen, dazwischen Wasserflächen. Abgesehen davon hat Poel viele Strände, viel Natur und, klar, auch ein paar Dörfer.

SEHENSWERTES

INSEL-POEL-RUNDFAHRT

Wilfried Boldt fährt mit seinem kleinen Bus (Abfahrt am Hafen in Kirchdorf) auch Orte an, die für alle anderen gesperrt sind. Dass er ein verdammt guter Geschichtenerzähler ist, macht die 90 Minuten Fahrt rund um Poel extraspannend. *April–Anf. Nov. Di–Fr 10.15, 12, 13.45, Sa auch 15.45 Uhr, Anmeldung bis 9.15 Uhr | 9,50 Euro | Tel. 03841 79 04 42 | www.insel-poel-rundfahrten.de*

ESSEN & TRINKEN

CAFÉ FRIEDA

In der Frieda wird selbst gebacken, und zwar richtig gut. Besonders lecker: Apple-Crumble mit Sahne *und* Eis. Das Café ist gleichzeitig auch Veranstaltungsort und Galerie und zeigt Werke von Künstlern von Poel und aus der Umgebung. Der Kaffee ist fair gehandelt und ökologisch produziert. *Tgl. | Oertzenhof 4 | Kirchdorf | www.cafe-frieda.de*

ZUR INSEL

Hausmannskost in der fünften Generation – konkret heißt das: große Portio-

Viel Grün, viel Wasser und dazwischen kleine Dörfer – das ist die Insel Poel

nen Bratkartoffeln, Fisch und Fleisch. Und Salat – na ja, soll ja auch gesund sein. *Tgl. | Wismarsche Str. 19 | Kirchdorf | Tel. 038425 4 26 15 | www.gasthauszurinsel.de | €€*

FREIZEIT & SPORT

KANUTOUR

Armmuskelkater! Das ist die Belohnung für eine Tagestour im Kanu rund um Poel. 28 km müssen Sie paddeln. Aber dafür gibt es vermutlich keine schöneren Blicke auf Insel, Strände und Steilküste. Wenn Sie eine Pause brauchen, ziehen Sie einfach das Kanu an Land und gehen baden. *Kanuverleih: Lotsenstieg 25 | Timmendorf | mobil 0172 2 68 84 69 | www.wassersport-insel-poel-de*

AUSKUNFT

KURVERWALTUNG

Wismarsche Str. 2 | 23999 Kirchdorf | Tel. 038425 2 03 47 | www.insel-poel.de

KLÜTZ

(126 C2) (C6) **Das Städtchen Klütz (3100 Ew.) ist das Zentrum des ★ Klützer Winkels, eines Dreiecks zwischen Wismar, Boltenhagen und Lübeck.** Die Region ist touristisch angenehm halb erschlossen und lässt Platz für kleine Läden und Cafés, für Strände, an denen Hunde ohne Leine rumtollen und es weder bewachte Abschnitte noch Strandkörbe gibt. Und die Stadt selbst ist winzig, aber erstaunlich lebendig.

SEHENSWERTES

LITERATURHAUS UWE JOHNSON

Besser verstehen werden Sie Uwe Johnson und sein Werk (u. a. den Romanzyklus „Jahrestage") nach einem Besuch in dem umgebauten Getreidespeicher, der auch eine Bibliothek und die Stadtinformation beherbergt. *April–Okt. Di–So 10–17, Nov.–März Mi–Sa 10–16 Uhr | Eintritt 3,50 Euro | Im Thurow 14 | www.literaturhaus-uwe-johnson.de*

DE LÜTT KAFFEEBRENNER

Jo. Das ist 'ne echte Kaffeefahrt. Der Kaffeebrenner, ein alter Dampfzug, zuckelt zwischen Klütz und Reppenhagen hin und her. Und pfeift und dampft. *April–Okt. tgl. 11, 12, 14 u. 15 Uhr | www.stiftung-deutsche-kleinbahnen.de*

SCHLOSS BOTHMER ★

2012 wurde ein Silberschatz im Park gefunden. Den hatten die letzten adeligen Schlossbewohner nach dem Zweiten Weltkrieg vor der Flucht in den Westen vergraben. Wer nachsehen will, welche Geheimnisse das Anwesen noch birgt, sollte nicht nur das Museum besuchen, sondern zwischen den Lindenalleen und über den Wassergraben spazieren. *Juli,*

Kommt Ihnen englisch vor? Blenheim Castle war Vorbild für Schloss Bothmer

Aug. tgl. 10–18, Mai, Juni, Sept. Di–So 10–18, April, Okt. Di–So 10–17, Nov.–März Fr–So 11–15 Uhr | Eintritt 6 Euro | Am Park | www.schlossbothmer-mv.de

ESSEN & TRINKEN

FEUERWEHRHAUS DAMSHAGEN

Frühstück bekommen Sie im Feuerwehrhaus neben anderen Kleinigkeiten – ausnahmslos in Bioqualität – den ganzen Tag. Das französische mit Croissant und Obst passt auch noch am Nachmittag. *Tgl. | Klützer Str. 5 | Damshagen | Tel. 038825 267174 | www.altes-feuerwehrhaus.com* | €€

CAFÉ MILUH

Alles ist bio, vegetarisch und lecker. Kinder spielen mit der Kinderküche oder draußen im Sandkasten, Erwachsene essen in Ruhe Kuchen und kleine Speisen, Touristen treffen auf den Klützer Skatclub. Donnerstagabends wird hier zudem bewiesen, dass die Provinz lebt! Denn Musiker aus der Region treffen sich dann hier zu einer Session. Und auch sonst stehen die Chancen auf Kino, Livekonzerte oder Partys am Wochenende gut. *Mai–Sept. Mo, Di geschl., Okt.–April auch Mi | Lübecker Str. 3 | Tel. 038825 371266 | www.alte-molkerei-kluetz.de* | €

EINKAUFEN

ALTE MOLKEREI KLÜTZ

Kapuzenpullis und Ölgemälde: In zwei *Galerien* verkaufen Künstlerinnen und Künstler aus der Region Zeichnungen, Klamotten, Fotografien, Gefilztes, Geschmiedetes, Keramik und Schmuck. Apfelsaft und -schnaps (und andere Obstprodukte) mosten und brennen Johann Volk und sein Team in der *Klützer Mosterei und Brennerei*. Der größte Teil der Früchte kommt von der Streuobstwiese hinterm Schloss Bothmer. Prost! *Mo geschl., Nov.–März auch Di, Mi | Lübecker Str. 3 | www.alte-molkerei-kluetz.de*

ÜBERNACHTEN

GUTSHAUS STELLSHAGEN

Ayurvedamassagen, chinesische Medizin und ökologisch ausgebaute Zimmer. Das Gutshaus ist bio – vom Naturbadeteich übers vegetarische Buffet bis zum Weidenkorbmöbel. *Lindenstr. 1 | Stellshagen | 7 km südl. von Klütz | Tel. 038825 440 | www.gutshaus-stellshagen.de* | €€€

INSIDER TIPP UANQUI BEACH

Drei Wagen hat Jochen Henkels auf einer Obstbaumwiese ausgebaut, in denen Sie dank Wasserholen, Holzhacken und wackeligen Telefonnetzes für ein paar Tage zum Aussteiger werden. *Dorfstr. 43 | 9 km nordwestl. von Klütz | mobil 0172 4 55 86 97 | www.uanquibeach.net* | €€

AUSKUNFT

STADTINFORMATION

Im Thurow 14 | 23948 Klütz | Tel. 038825 2 23 87 | kluetz-mv.de

ZIELE IN DER UMGEBUNG

HOF HOHER SCHÖNBERG

(126 C2) (*C6*)

Ziegen- und Schafsmilch, Öle, Rosenpflanzen, frisch geerntetes Obst und Gemüse: All das wird auf dem Biohof 7 km westlich von Klütz produziert und verkauft. Außerdem ein Ort, um noch ein bisschen länger zu bleiben und Katzen zu streicheln, Rinder und Schweine zu besuchen und von der Aussichtsplattform über die Bucht zu blicken. *Tgl., Nov.–April So geschl. | Kalkhorster Str. 37 | Hohen Schönberg | www.hofhoherschoenberg.de*

LEONORENWALD (126 C2) (*C6*)

Zwei nordamerikanische Mammutbäume stehen etwas verloren neben Buchen und Fichten. Aber auch ohne diese Quasi-Wahrzeichen würde sich jede Wanderung durch das Grün lohnen. Bewaldete Hügel, quakende Frösche, Senken mit Eschen und Erlen. Der Wald 6 km westlich von Klütz ist eine grüne, feuchte Insel inmitten von Raps- und Maisfeldern, relativ artenarmen Flächen, die der Bodenreform in der Anfangszeit der DDR zu verdanken sind.

RERIK

(128 B3) (*E5*) **Das ist doch eine Insel! Oder? Rerik (2100 Ew.) liegt auf einer schmalen Landzunge zwischen dem Festland und der Halbinsel Wustrow.**
Wegen des Wassers von zwei Seiten (Ostsee auf der einen, Salzhaff auf der anderen) ist der Ort bei Wassersportlern extrem beliebt. Und bei Fossiliensammlern, die unterhalb der Steilküste glücklich werden. Alle anderen können sich an Sandstrand, Strandkörben, Eis- und Fischverkäufern sowie der Seebrücke erfreuen. Den Ort auf der Landzunge sollten Sie unbedingt von oben betrachten, von den Dünen oder vom Aussichtspunkt *Schmiedeberg* aus.

SEHENSWERTES

GROSSSTEINGRÄBER/ HEIMATMUSEUM

Acht Großsteingräber liegen rund um Rerik. Die beste Führung dorthin gibt jeden Donnerstag ab 10 Uhr der Leiter des Reriker *Heimatmuseums*, Thomas Köhler. Die Grabbeigaben, Feuersteinbeile und Pfeilspitzen, liegen im Museum. Neben den ur- und frühgeschichtlichen Stücken

LOW BUDG€T

Kostet nichts, sieht toll aus und duftet sogar: Im *Schaugarten der Hochschule Wismar (tgl. 10–18 Uhr | Malchow | short travel/omv8)* auf Poel wachsen über 500 Nutzpflanzen. Was heilt, was würzt, und welche Pflanzen haben eine andere Superpower?

Günstig und trotzdem stilvoll ist die ökologisch sanierte Dreizimmerwohnung *Klützer Perle (Rudolf-Breitscheid-Str. 26 | mobil 0172 4 21 42 53 | www.kluetzerperle.de)* in einem holzverschalten Haus in Klütz.

finden Sie dort aber auch aktuellere Exponate. Einen Strandstuhl von ca. 1900 beispielsweise, in dem man garantiert nicht braun wurde. *Mitte Mai–Mitte Sept. Di, Mi, Fr 10–12 u. 14–17, Do, Sa, So 14–17 Uhr, im Winter eingeschränkt | Eintritt 2 Euro | Dünenstr. 4 | short.travel/omv10*

ESSEN & TRINKEN

ERLEBNISRÄUCHEREI SCHELLER

Erst holt Roland Scheller seine Netze ein, dann räuchert er den Fang. Sie können dem Stellnetzfischer dabei zuschauen, gleich im Lokal essen und etwas für den nächsten Tag mit nach Hause nehmen. Außerdem sorgt regelmäßig ein Reriker Shantychor für maritime Stimmung. *April–Okt. Di–So ab 10 Uhr | Am Dolmen 3 | mobil 0174 9 79 67 04 | www.erlebnisraeucherei-scheller.de | €*

FREIZEIT & SPORT

OSTSEEBASIS RERIK

Korallenriffe finden Sie hier zwar nicht, aber Seegraswiesen, Findlinge, Schiffswracks. Und Seesterne, Seeanemonen, Steinbutte. Von der Ostseebasis geht's mit Booten zu den Tauchplätzen. Wer ihn noch nicht hat, macht erst mal den Tauchschein. *Meschendorfer Weg 1 | Tel. 038296 7 05 51 | www.ostseebasis.de*

SEGELSCHULE TORSTEN CHUDZIK

Klar zur Wende! Torsten Chudzik hat seine Schüler vom Motorboot aus gut im Blick. Hier können Sie alle möglichen Segelscheine machen, und für Ältere und Rollstuhlfahrer gibt's Spezialangebote. *Haffstr. 6 | mobil 0162 2 16 24 66 | www.segelschule-rerik.de*

SURFEN UND KITEN

Flaches Wasser und kaum Welle: Das Salzhaff ist perfekt, um surfen zu lernen. Ob das etwas für Sie ist, finden Sie bei der *Surfschule Rerik (Straße am Haff | mobil 0173 2 43 25 01 | www.surfschule-rerik.de)* schnell raus: Ein Schnupperkurs dauert nur zwei Stunden. Auch Kiten lernt man besser im flachen Wasser. Wellen sind erst was für später, draußen auf der Ostsee. Anbieter: *Oceanblue Watersports (mobil 0152 02 70 91 61 | www.oceanbluewatersports.de)*.

ÜBERNACHTEN

INSIDER TIPP HERRENHAUS BÜTTELKOW

In dem gepflegten Gutspark 8 km östlich von Rerik fühlt man sich gleich geborgen. Und kann den ganzen Tag auf der Sonnenliege verbringen. Oder den Kunstlehrpfad erwandern, mit dem Künstler-Gastgeber vor der Staffelei stehen oder auf einem benachbarten Hof in der Gärtnerei mithelfen. Nur Fernsehen gibt es nicht. *3 Suiten, 2 Fwg. | Tel. 038294 133 42 | www.buettelkow.de | €€*

AUSKUNFT

KURVERWALTUNG

Dünenstr. 7 | 18230 Ostseebad Rerik | Tel. 038296 7 84 29 | www.rerik.de

ZIEL IN DER UMGEBUNG

WUSTROW (127 F1) (*E5*)

Betreten verboten! Weil ein Großinvestor die Halbinsel zubauen wollte, kündigte die Stadt Rerik 2005 an, die Durchfahrt nach Wustrow zu untersagen. Im Gegenzug sperrte der Investor kurzerhand die Insel für die Öffentlichkeit. Seit über zehn Jahren kann Wustrow daher nur noch vom Wasser aus betrachtet werden. Bei *Auto-Boot Rerik (Juni–Sept. tgl. 10–18 Uhr | Salzhaff-Parkplatz Wustrower Hals | mobil 0175 1 70 59 51 | www.auto-*

boot-rerik.de) können Sie für den Blick auf die „verbotene Insel" für ein paar Stunden Ruder-, Tret-, Segel- und Motorboote ausleihen.

In Wirklichkeit ist er noch schöner, der Blick vom Schmiedeberg auf Rerik

WISMAR

KARTE IM HINTEREN UMSCHLAG (127 E3) *(E6–7)* **Das ist die Stadt der Nackenstarre. So einnehmend schön sind Wismars mittelalterliche Fassaden und Kirchtürme, dass man den Blick gar nicht senken mag.**

Wismar (42 000 Ew.) liefert sich mit Stralsund ein Kopf-an-Kopf-Rennen um die schönste Altstadt. Beide haben seit 2002 Weltkulturerbestatus. All die mittelalterlichen und klassizistischen Bürgerhäuser in den Straßen und Gassen rund um den Marktplatz und der Hafen mit dem Wassertor und der Hansekogge an der Pier schaffen eine atmosphärisch dichte Kulisse für einen Stadtspaziergang. Die Stadt war ab dem 13. Jh. Mitglied der Hanse, gehörte lange Zeit zu Schweden, hatte in der DDR-Zeit eine leistungsfähige Werft und punktet heute bei Touristen.

SEHENSWERTES

ALTER HAFEN ★

Im Alten Hafen erinnern Speichergebäude und das ● *Baumhaus (April–Okt. tgl. 9–17, Nov.–März 10–16 Uhr | Eintritt frei)* an die Zeiten, in denen der Hafen ein Umschlagplatz für Waren war. Das ist er heute nur noch an Sonntagen, wenn Fischmarkt ist. Vom Baumhaus aus, in dem Sie heute Kunstausstellungen besuchen können, wurde der Hafen mit einer Kette, die bis zum anderen Ufer reichte, abgesperrt. Und die war Namensgeber, weil sie die Funktion eines Schlagbaums hatte. Vor dem Baumhaus stehen heute die Nachbauten zweier *Schwedenköpfe*. Und die Originale? Sehen Sie im Schabbellhaus. Wenn Sie um das Technologiezentrum herumspazieren, erwischt Sie ein schöner Blick von der Kaikante auf Wendorf und Strand.

KIRCHEN

Alle vier sind aus Backstein, alle sind verschieden: Von der *Marienkirche (April–Sept. tgl. 9–17, Okt.–März 10–16 Uhr, Turmbesteigung bis eine Stunde vor Schließung | Eintritt frei, Führung 3 Euro)* steht nur noch der Turm, die *Heilig-Geist-Kirche (Mai–Sept. tgl. 10–18, Okt.–April 10–16 Uhr | Führungen auf Anfrage: Tel. 03841 28 35 28)* besitzt schöne Deckenmalereien, die *Nikolaikirche (Mai–Sept. tgl. 10–20, April, Okt. 10–16, Nov.–März 11–16 Uhr, | Führungen nach Absprache per Mail: wismar-nikolai@elkm.de)* ist der Riese, der alle überragt. Und die gerade erst wieder aufgebaute *Georgenkirche* fungiert als Bühne für Konzerte und Theateraufführungen. Auf ihre *Aussichtsplattform (April–Sept. tgl. 9–17, Okt.–März 10–16 Uhr | Eintritt 3 Euro | St.-Georgen-Kirchhof 1A)* kommt man auch mit einem Fahrstuhl.

Der Alte Schwede ist ein Haus, und zwar das älteste in Wismar

MARKTPLATZ ★

Die *Wasserkunst*, gebaut im Stil der Niederländischen Renaissance, sollte mal die Wasserversorgung der Stadt sicherstellen. Dazu kam es aber nie wirklich, stattdessen ist sie heute ein Wahrzeichen der Stadt. Am Markt liegt auch das weiß strahlende, klassizistische *Rathaus*. In der *Gerichtslaube (tgl. 10–17 Uhr | Eintritt frei)* werden heute keine Urteile mehr gefällt, sondern Ausstellungen gezeigt.

POELER KOGGE

Bei einer Ausfahrt der Wissemara stehen Sie an Bord und fühlen sich wie ein Hansekaufmann beim Aufbruch zu einer ungewissen Handelsreise, denn das Schiff ist der Nachbau einer Kogge aus dem 14. Jh. *Besichtigung tgl. nach Anmeldung, Mai–Okt. regelmäßige Fahrten | Eintritt frei | im Alten Hafen | Tel. 03841 30 43 10 | www.poeler-kogge.de*

SCHABBELLHAUS

Das gruseligste Ausstellungsstück des Museums sind zwei mumifizierte Hände, die im Mittelalter einem Mordopfer abgenommen wurden, um sie nach vollstreckter Strafe mit dem Mörder zusammen zu begraben. Aber das Schabbellhaus (der Renaissancebau selbst ist schon ausstellungswürdig) zeigt auch harmlosere Objekte zur Stadtgeschichte. *Di–So 10–18 (Winter bis 16) Uhr, Juli, Aug. auch Mo | Eintritt 8 Euro | Schweinsbrücke 8 | www.schabbellhaus.de*

ESSEN & TRINKEN

ALTER SCHWEDE

Das älteste Haus der Stadt ist auch deswegen besonders, weil noch vor der

Wende Wismarer Bürger ehrenamtlich an der Sanierung mitarbeiteten. Im Winter brennt ein Feuer im Kamin, das Essen ist eine Mischung aus mecklenburgischer (Mecklenburger Rippenbraten) und schwedischer (Graved Lachs) Küche. *Tgl. | Am Markt 22 | Tel. 03841 28 35 52 | www.alter-schwede-wismar.de* | €€

BIOBISTRO AVOCADOS

Alles bio, alles selbst gemacht. Das Bistro nicht weit vom Marktplatz ist ein guter Ort für eine Mittagspause. *Sa, So geschl. | Hinter dem Chor 1 | Tel. 03841 30 33 33* | €

CAFÉ GLÜCKLICH

Frau Glücklich backt und backt ... und man glaubt ihr gern, dass sie damit sich selbst und andere glücklich machen will. Unbedingt deshalb hier frühstücken. Oder Kaffee trinken. Oder essen – es gibt auch ein veganes und ein Bioangebot. *Mai–Okt. tgl. | Schweinsbrücke 7 | Tel. 03841 7 96 93 77* | €€

EINKAUFEN

RAMONA STELZER DESIGN

Abgefahren, doch geschmackvoll: Schmuck aus gegerbten Häuten von Fischen wie Ohrstecker aus Schollenleder, ein Anhänger aus Rochenhaut, Manschettenknöpfe vom Stör. *Lübsche Str. 56 | www.ramonastelzerdesign.com*

FREIZEIT & SPORT

INSIDER TIPP STADTFÜHRUNG SOKO WISMAR

Wo lag die Leiche? Mit welchem Bus fuhr der Kommissar? Neben historischen Stadtführungen bietet die Tourist-Information auch eine Führung für Fans der Krimiserie SOKO Wismar an. *März–Okt. Fr 16 Uhr, nur nach Voranmeldung bei der Tourist-Information*

AM ABEND

KAIBAR

Der Hafen ist am Abend generell eine gute Idee. Wismaraner gehen nach Feierabend ins „Kai", um Spaghetti mit Pesto oder Fischbrötchen zu essen. Und bleiben dann einfach sitzen. Immer spielt Musik, manchmal live, ab und zu wird auch getanzt. *Alter Holzhafen 3*

TIKOZIGALPA

Das Tikozigalpa ist ein alternatives Kultur- und Wohnprojekt, donnerstags gibt es um 20.30 Uhr (Einlass) einen besonderen Kinofilm. Und am Wochenende oft Konzerte. *Dr.-Leber-Str. 38 | www.tikozigalpa.org*

ÜBERNACHTEN

CHEZ FASAN

Kaum sind Sie raus aus der Tür, können Sie schon ins Altstadtflair eintauchen. Zu Fuß sind es nur fünf Minuten zum Marktplatz. *25 Zi. | Bademutterstr. 20a | Tel. 03841 2134 25 | www.unterkunft-pension-wismar.de* | €

INSIDER TIPP FILMHOSTEL

Das Filmbüro MV öffnet sein Seminarhostel nicht nur für Filmschaffende, sondern auch für Sie. Ein tolles Angebot, da die sechs Einzel- und neun Doppelzimmer zentrumsnah in einem Obstgarten liegen. Filmstars zu treffen ist nicht ausgeschlossen. Unbedingt vorab reservieren bzw. Schlüsselübergabe besprechen. *Bürgermeister-Haupt-Str. 51 | Tel. 03841 61 81 00 | short.travel/omv3* | €

AUSKUNFT

TOURIST-INFORMATION

Am Markt 1 | 23966 Wismar | Tel. 03841 194 33 | www.wismar.de

ROSTOCK UND UMGEBUNG

Ganz schön viele Superlative: Kühlungsborn ist das größte, Heiligendamm das älteste Seebad und Warnemünde hat den größten Kreuzfahrthafen an der deutschen Küste.
Aber Rostock sticht alle: Die Stadt ist die größte des Bundeslands, heimliche Hauptstadt und strahlt wirtschaftlich und kulturell weit ins Umland aus.

KÜHLUNGSBORN

(128 B2) (*🕮 F5*) **Wo ist das Zentrum? Ein Ortsschild weist nach „Kühlungsborn-West", ein anderes nach „Kühlungsborn-Ost".**

Der Grund: *Kühlungsborn* (7800 Ew.) gibt es erst seit 1938. Die Dörfer Arendsee und Brunshaupten waren durch die jährliche Urlauberschwemme so groß geworden, dass ihre Promenaden in der Mitte zusammenwuchsen und aus den miteinander konkurrierenden Orten einer wurde. Und der einzige an der Küste mit einem großen Stadtwald, der die beiden Rivalen immer noch wie ein Puffer auseinanderhält.

SEHENSWERTES

KÜHLUNG

Die Kühlung ist „das da oben", ein bewaldeter Höhenzug, entstanden in der letzten Eiszeit. Mit Tälern, Schluchten und Wanderwegen. Von Kühlungsborn-Ost

 Bild: Münster, Bad Doberan

Seebäder, ein Münster und die heimliche Landeshauptstadt mit S-Bahnanschluss und Kreuzfahrthafen

fahren Sie mit dem Auto auf die Schlossstraße Richtung Kröpelin, Parkplätze vor der Kühlung sind ausgeschildert. Zu Fuß gehen Sie ab Kühlungsborn-Ost etwa eine halbe bis Dreiviertelstunde, um von oben den weiten Blick zu genießen.

OSTSEE-GRENZTURM

Kaum steht man in dem kleinen Museum im ehemaligen Grenzturm, packt er einen, der historische Schauer. Eine lebensechte Puppe in einem Ruderboot, Ausstellungsstücke und Begleittexte erinnern daran, dass die Ostsee vor nicht mal 30 Jahren noch eine Festung war und nur nach Freiheit aussah. Turmbesteigung über eine Leiter möglich. *Juni–Sept. Di, Mi, Fr 14–17 Uhr, Okt.–Mai nur Di, Fr | Eintritt frei | www.ostsee-grenzturm.com*

ESSEN & TRINKEN

INSIDER TIPP ALTE BÜDNEREI

Sie sitzen zwischen Löwenzahn auf einem wackeligen Holzstuhl und schauen auf die Kühlung, davor eine Pferdeweide. Familie Schröter kocht täglich ein Mittagessen à la Linsensuppe. Und backt Kuchen (nehmen Sie den Probierteller!). Etwa einmal die Woche finden abends Kulturveranstaltungen statt, oft mit Buffet. *Tgl. 12–18 Uhr | Doberaner Landweg 8 | Tel. 038293 128 39 | www.altebuednerei.de | €*

Eines der wenigen Dinge, die in Heiligendamm nichts kosten: der schöne Blick auf die Seebrücke

TILLMANN HAHN'S GASTHAUS

Tillmann Hahn bekochte 2007 beim G8-Gipfel die Chefs der wichtigsten Industrienationen. Dann machte er sich selbstständig und zaubert nun Leckeres aus regionalen, biologisch angebauten Zutaten, das Sie auch im (vorbestellten) INSIDER TIPP Picknickkorb mit an den Strand nehmen können. *So–Di geschl. | Ostseeallee 2 | Tel. 038293 410214 | www.villa-astoria.de | €€–€€€*

FREIZEIT & SPORT

KLETTERWALD

Zwischen den Bäumen im Stadtwald sausen Menschen auf Surfbrettern und orangen Gummibällen in 10 m Höhe hin und her. Wem dabei noch der Adrenalinkick fehlt, der kann auch einen Basejump wagen. Abheben geht dagegen auf dem Bungee-Trampolin an der Seebrücke. *Wechselnde Öffnungszeiten, siehe Website | Eintritt 24 Euro | www.kletterwald-kuehlungsborn.de*

STADTFÜHRUNGEN

Der eine schnackt nur Platt, die andere macht nonstop Witze. Der *Touristik-Service* hat ein breites Angebot an Führungen zur Auswahl, z. B. für Kinder, Natur- oder Geschichtsfreunde.

ÜBERNACHTEN

INSIDER TIPP MUSEUM ATELIERHAUS RÖSLER-KRÖHNKE

Strahlend, bunt und klar hat Anka Kröhnke ihr Ferienhaus inmitten eines großen Gartens eingerichtet. Nebenan, im *Museum (Fr–So 11–13 Uhr | Eintritt 3 Euro)*, stellt sie nicht nur ihre eigenen Arbeiten (vor allem Tapisserien) aus, sondern auch die Bilder ihrer Künstlerfamilie. Und setzt so ihren Eltern und Großeltern ein Denkmal. *2 Zi. | Schlossstr. 4 | Tel. 038293 84 90 | www.kuehlungsborn.de | €*

WOTAN

Mitten im Ort übernachten und beim Einschlafen und Aufwachen das Meer hören – das Hotel Wotan macht's möglich. Dafür verzichten Sie auf Wellness und Schnickschnack und nehmen mit einem sehr einfachen Frühstück vorlieb. *17 Zi. | Ostseeallee 42 | Tel. 038293 8 77 80 | www.hotel-wotan.de | €€*

AUSKUNFT

TOURISTIK-SERVICE

Ostseeallee 19 | 18225 Kühlungsborn | Tel. 038293 84 90 | www.kuehlungsborn.de

ZIELE IN DER UMGEBUNG

BAD DOBERAN (128 C3) (*G5*)

Der Ort, 15 km östlich von Kühlungsborn, ist bekannt für sein ★ *Münster (tgl., Uhrzeiten s. Website | Eintritt 3 Euro, mit Führung 4 Euro | www.muenster-doberan.de)*, die ehemalige Klosterkirche eines Zisterzienserklosters. Das Münster beeindruckt auch, wenn man kein Architektur- oder Kunstgeschichtsfreak ist. Es hat Ähnlichkeit mit einer Kathedrale, aber auch mit den Backsteinkirchen der Hansestädte. Am besten machen Sie eine Führung mit, um die vielen Besonderheiten nicht zu übersehen. Rund herum erwarten Sie Reste des Klosters und im *Stadt- und Bädermuseum (Di–Fr 10–12 u. 13–17, Sa, So 10–17 Uhr | Eintritt 3 Euro | Möckelhaus | www.moeckelhaus.de)* Zeugen der Entwicklung des Seebads Heiligendamm, darunter ein Baumwollbadeanzug aus dem frühen 20. Jh. und die Preisliste eines Hotels. Kleine Köstlichkeiten wie Rhabarberspritz und Erdbeertiramisu zum Nachtisch, Käseplatte, Flammkuchen oder Pasta davor gibt's im *Restaurant-Café Zikke (tgl. | Alexandrinenplatz 2 | Tel. 038203 64 94 70 | www.cafe-zikke.de | €€€)*.

HEILIGENDAMM ★

(128 C2) (*F5*)

Das älteste Seebad Kontinentaleuropas (9 km östlich) ist zwar nicht groß (300 Ew.), war aber seit seiner Gründung 1793 immer ein Urlaubsort für die Reichen und Mächtigen. Insofern war auch die Wahl als Veranstaltungsort des G8-Gipfels 2007 stimmig, bei dem das Seebad gegen Demonstrationen massiv abgesichert wurde. Besonders schön: die weißen, klassizistischen Gebäude, zumeist Hotels, deretwegen Heiligendamm auch „Weiße Stadt am Meer" heißt, und der Strandwald. Wenn Sie stilecht essen wollen: Gourmetmenüs serviert das Restaurant *Friedrich Franz (Tel. 038203 74 00 | www.grandhotel-heiligendamm.de | €€€)* im Grandhotel.

MARCO POLO HIGHLIGHTS

★ **Münster Bad Doberan**
Beeindruckende „Kreuzung" aus Backsteinkirche und Kathedrale
→ S. 47

★ **Heiligendamm**
Die Mutter aller Seebäder
→ S. 47

★ **Astronomische Uhr**
Zeigt seit über 500 Jahren zuverlässig Zeit, Mondphasen und Sternzeichen an → S. 48

★ **Alter Strom**
Maritimes Multikulti aus Kreuzfahrttourismus, Badegästen und Seehafen → S. 52

ROSTOCK

KARTE IM HINTEREN UMSCHLAG (129 D–E 2–3) (*G–H 4–5*) **Tataa! Rostock (206 000 Ew.) ist die einzige Großstadt in Mecklenburg-Vorpommern mit allem, was dazugehört: Kreuzfahrthafen, Flughafen, Universität, Kunst- und Kulturszene.**

Das etwas verschlafene Kleinstadtflair, das trotz unbestreitbarer Schönheit in vielen der kleineren Küstenorte steckt, pustet der Ostseewind ruck, zuck aus Rostocks Straßen. Darum sollten Sie den Aufenthalt hier auch ausgiebig zum Ausgehen, Essengehen und Feiern nutzen, z. B. in der Kröpeliner-Tor-Vorstadt, die sogar hier und da etwas Kiezhaftes hat. Und bei aller Frische nicht vergessen, dass die Stadt eine lange Geschichte hat – 2018 wurde sie 800 Jahre alt.

SEHENSWERTES

KLOSTERGARTEN UND KULTURHISTORISCHES MUSEUM

Durchatmen! Der *Klostergarten*, in dem abends häufig Konzerte stattfinden, ist nicht weit entfernt vom Stadtzentrum. Im *Kulturhistorischen Museum (Di–So 10–18 Uhr | Eintritt frei | Klosterhof 7 | www.kulturhistorisches-museum-rostock.de)* in den alten Klostermauern sehen Sie Stücke aus der Kunst- und Kulturgeschichte der Stadt wie Münzen oder Spielzeug, aber auch eine Ausstellung über die sogenannte entartete Kunst in der Zeit des Nationalsozialismus.

> **CITY WOHIN ZUERST?**
> Mit den Straßenbahnlinien 5 und 6 sind es ab dem Hauptbahnhof nur drei Stationen bis zum **Neuen Markt**. Hier sind Marktplatz und Rathaus, ein guter Auftakt für einen Stadtbummel. Autofahrer folgen dem Parkleitsystem.

MARIENKIRCHE

Unbedingt reingehen: Kanzel, Altäre, Orgel und Taufbecken sind alle einen Blick wert. Aber die ★ *astronomische Uhr* macht Gänsehaut. Sie ist von 1472, zeigt Tage, Mondphasen und Sonnenaufgangszeiten an, lässt zu jeder Stunde ein Glockenspiel erklingen und funktioniert immer noch (zum 800-jährigen Stadtjubiläum wurde eine neue Kalenderscheibe eingebaut). INSIDER TIPP Beste Besichtigungszeit: 12 Uhr mittags. Dann öffnet sich eine Tür und sechs Apostelfiguren marschieren an Jesus vorbei, der die Hand zum Segen hebt. *www.marienkirche-rostock.de*

NEUER MARKT

Vor bunten Giebelhäusern im Stilmix breiten die Marktleute täglich ihre Ware aus. Prächtigstes Gebäude am Platz ist das *Rathaus (Mo–Fr 8–16 Uhr)*, hinter dessen barocker Fassade ein gotischer Kern steckt. Um einen Eindruck vom Alter des Gebäudes (700 Jahre!) zu bekommen, werfen Sie am besten einen Blick ins Innere und auf die alten Backsteine.

PETRIKIRCHE

Auf die 45 m hohe Plattform des Turms *(Eintritt 3 Euro)* bringt Sie ein Fahrstuhl. Schöner und sportlicher ist der Aufstieg über die Treppe. Mit Herrn Wegener *(mobil 0162 1710640)* können Sie ab acht Personen INSIDER TIPP einen Gang über vergessene Wendeltreppen und das Dach verabreden. Die Kirche (14. Jh.) selbst hat ein paar schöne Details, z. B. Türgriffe vom Rostocker Bildhauer Jo Jastram, die Adam und Eva abbilden. *www.petrikirche-rostock.de*

Backsteingotik und Barock: Dem mittelalterlichen Rathaus wurde im 18. Jh. ein Vorbau verpasst

ESSEN & TRINKEN

EISWERKSTATT

Alle stehen an für DDR-Softeis und Frozen Yoghurt. Dazu können Sie sich Gummibären und echte Beeren, Schokolade, Nüsse und x andere Toppings aussuchen. *Kröpeliner Str. 18 | www.eiswerkstatt-rostock.de*

GRÜNE KOMBÜSE

Ein ziemlich gutes Gewissen kann man hier beim Essen (bio und vegan) haben. Zum Glück schmeckt es auch. INSIDER TIPP Vegane Liköre und Bratlingmischungen können Sie auch online bestellen. Und wenn's schnell gehen muss, holen Sie sich das Essen am Imbisswagen *(Di–Fr)* auf dem Neuen Markt. *Mo geschl. | Grubenstr. 47 | Tel. 0381 21 08 18 32 | €€*

EINKAUFEN

ARTQUARIUM

Kunst in Eisbechern, maritime Graffiti, herzige Kleider ... „Produzentengalerie" nennen Rostocker Künstlerinnen und Künstler das Haus, in dem sie ihre Kunstwerke ausstellen und verkaufen, sich dadurch gegenseitig unterstützen und einen größeren Markt (vielleicht auch Sie?) finden. *Mo geschl. | Barnstorfer Weg 36 | www.artquarium-rostock.de*

RONJAESPRESSO

Der Laden direkt am Doberaner Platz ist winzig. Natürlich kann man den hier gerösteten Kaffee gleich trinken, bevor man sich mit einem Vorrat für zu Hause eindeckt. *Doberaner Str. 158 | www.ronjaespresso.de*

FREIZEIT & SPORT

ESCAPE ROOM

Im Escape Room sind Geheimnisse versteckt, Rätsel zu lösen und Codes zu knacken. Es gibt ein Indoor- und ein Outdoorszenario, und es geht um nichts Geringeres als die Rettung der Welt. Mehr darf leider nicht verraten werden ... *Termine auf der Website oder te-*

lefonisch | 60 Euro/3–6 Pers. | Doberaner Str. 21 | mobil 0176 73 70 72 24 | www.escaperoom-rostock.de

SIGHTRUNNING

Vermutlich kommen Sie bei dieser Form der Stadtführung schneller aus der Puste als Ihr Guide, die Triathletin Juliane Leiter. Aber keine Sorge, sie sagt, sie passe sich den langsamsten Läufern an. *Termine und Treffpunkt nach telefonischer Absprache | ab 25 Euro/Pers. | Tel. 0381 12 76 87 26 | www.sightrunningrostock.de*

STADTPADDELN

Hafenrundfahrt im Kajak. Die Tour mit Sandra und Ronald Kley ist auch eine Geschichts- und Märchenstunde und wird bei der zweistündigen INSIDER TIPP Mondscheintour von kleinen Lämpchen an den Booten aufs Schönste beleuchtet. *Mitte Mai–Ende Sept. tgl. (s. Website) | 22 Euro/Pers. | mobil 0176 62 00 11 32 | www.stadtpaddeln-rostock.de*

AM ABEND

Die Rostocker haben in ihrem Stadthafen so wilde Partys gefeiert, dass die Stadt 2015 einen Hafenvogt abgeordnet hat. Der soll dafür sorgen, dass Müll in die Eimer und der Exzess unter Kontrolle kommt. Gefeiert und gegrillt wird im Hafen an warmen Abenden nach wie vor.

FREIGARTEN

Zum Konzept des lauschigen Biergartens am *Peter-Weiss-Haus* gehört auch „Konsum ist keine Pflicht". Einfach dasitzen, ohne was zu trinken, ist absolut okay. Ein guter Ort, um ins Gespräch zu kommen. *Doberaner Str. 21 | short.travel/omv11*

M.A.U. CLUB

Hier wird getanzt! Der städtisch geförderte Club liegt direkt am Hafen und ist eine gute Adresse für kleinere und größere Konzerte (bis zu 850 Zuschauer) und Partys. *Warnowufer 56 | www.mauclub.de*

LOW BUDG€T

Momo (tgl. | Augustenstr. 93/94 | Tel. 0381 25 53 53 47) heißt das günstige und gemütliche orientalische Restaurant in Rostock, in dem Sie Falafel, Couscous und Bulgurgerichte essen können, während sich Ihre Kinder (oder die anderer Leute) Riesenbauprojekten mit der Brio-Bahn widmen. Abends regelmäßig Tanzveranstaltungen.

ÜBERNACHTEN

STADTPENSION LOTTE

Wohnen mitten im Trubel am und um den Doberaner Platz. Die elf Zimmer sind mit viel Holz eingerichtet, die Wände mit Lehm verputzt. Frühstück gibt es im Café nebenan. *Wismarsche Str. 1a | Tel. 0381 3 77 92 92 | www.stadtpension-rostock.de | €*

TRIHOTEL SCHWEIZER WALD

Ca. 3 km sind es vom Hotel bis ins Zentrum. Dafür liegt es im Grünen, und der Wellnessbereich kann es locker mit jedem Schwimmbad samt Saunalandschaft aufnehmen. *101 Zi. | Tessiner Str. 103 | Tel. 0381 6 59 70 | www.trihotel-rostock.de | €€€*

AUSKUNFT

TOURIST-INFORMATION

Universitätsplatz 6 | 18055 Rostock | Tel. 0381 3 81 22 22 | www.rostock.travel

ZIELE IN DER UMGEBUNG

GELBENSANDE (129 F2) (*H4*)
Unten Backstein, oben Fachwerk: Das *Jagdschloss (tgl. 11–17 Uhr | Eintritt frei | www.jagdschloss-gelbensande.de)*, 21 km nordöstlich, sieht aus, als hätte man auf einen norddeutschen Mauersockel ein bayerisches Forsthaus gesetzt. Dänisches Porzellan und repräsentative Räume dürfen besichtigt werden. Außerdem gibt es das Restaurant *Fasano (Mo, Di geschl. | Tel. 038201 77 35 35 | €€)* mit Schwerpunkt auf Fisch- und Wildgerichten. Zum Kaffeetrinken sollten Sie allerdings zum Bahnhof: Das großherzogliche Empfangsgebäude wurde zum *Café Drei Jahreszeiten (Do, Fr geschl. | www.cafedreijahreszeiten.de)*, wo Frau Hoja kocht und backt, z. B. köstliche Haselnusstorten.

GRAAL-MÜRITZ (129 E1) (*H4*)
Abgesehen von den Attributen eines Ostseebads (Seebrücke, Strandkörbe, Bäderarchitektur, Sandstrand) hat Graal-Müritz (29 km nordöstlich) vor der Haustür einen ziemlichen Knaller: Die *Rostocker Heide* ist der größte Küstenwald Deutschlands, ein Mischwald mit Mooren und Feuchtwiesen. Das Restaurant *Utspann (tgl. | Warnemünder Str. 10a | Tel. 0381 4 40 23 91 | www.restaurant-utspann.de | €€)* liegt an dessen Westteil, dort bekommen Sie nach einer Wanderung Fisch und mediterrane Gerichte. Im *Aquadrom (Di–Fr 10–20, Sa–Mo 11–21.30 Uhr | Eintritt ab 7,30 Euro | Buchenkampweg 9 | www.aquadrom.net)* können Sie ein arabisches Bad nehmen und danach die verrücktesten Massagen (Hot Stone? Taozi-Kräuterstempel?) ausprobieren.

WARNEMÜNDE

(129 D2) (*G4*) **Warnemünde (6700 Ew.) ist ein hübsches Seebad am Ausgang der Warnow und im Sommer bis in den letzten Winkel voller Urlauber.**

Wenn der Wind es zulässt, sind auch in Graal-Müritz die Strandkörbe zum Meer ausgerichtet

Und dann ist es auch noch Deutschlands größter Kreuzfahrthafen, ein wichtiger Fährhafen, eine Werft und das Institut für Ostseeforschung. Die Nähe zur Großstadt Rostock und der echte, lebendige Hafen wirken wie eine Vitalitätsspritze. Am ★ *Alten Strom*, der Promenade, warten Läden, Cafés und Restaurants auf Besucher, während sich vor den historischen Häusern von Zeit zu Zeit eines der irrwitzig hohen Kreuzfahrtschiffe oder eine Fähre vorbeischiebt. Die Kräne, der Leuchtturm und der „Teepott", ein DDR-Prestigebau an der Promenade, bilden die Silhouette von Warnemünde.

SEHENSWERTES

HEIMATMUSEUM WARNEMÜNDE

Sie werfen einen Blick in Schlaf- und Wohnstuben von Warnemünder Familien zur vorletzten Jahrhundertwende, auf Trachten und Mitbringsel von Steuerleuten und Kapitänen und bekommen so ungefähr eine Ahnung davon, wie das Leben in dem Küstenort damals war. *April–Okt. Di–So, Nov.–März Mi–So 10–17 Uhr | Eintritt 3 Euro | Alexandrinenstr. 31 | www.heimatmuseum-warnemuende.de*

LEUCHTTURM WARNEMÜNDE

Bis zur zweiten Galerie des 1898 gebauten Turms sind es 137 Stufen. Wegen des weiten Blicks über Warnemünde und die Ostsee lohnt es sich, diese in Angriff zu nehmen. *Ostersamstag–1. Okt. tgl. 10–19 Uhr | Eintritt 2 Euro | www.warnemuende-leuchtturm.de*

ESSEN & TRINKEN

ZUM STROMER

Der Fisch kommt frisch direkt vom Kutter, dazu gehören Biogemüse und Kräuter. Das Restaurant ganz am Ende des Warnow-Südufers scheint dem Gemälde eines romantischen Malers entsprungen: an den Fenstern im Wind wehende Vorhänge und überall Rosen, Früchte, pralles Leben. *Sept.–Juni Di geschl. | Am*

LESEHUNGER & AUGENFUTTER

Kruso – Sehr dicht ist man dran an dem, was Ed, die Hauptperson in diesem halbfiktiven Sommer 1989 auf Hiddensee, fühlt, sieht und riecht. Der 2014 erschienene Roman von Lutz Seiler ist das Protokoll des flüchtigen Glücks einer Schar von freiwilligen Outsidern.

Blau steht dir nicht – Judith Schalansky ist in Greifswald aufgewachsen, der Matrosenroman (2008) dreht Schleifen um ihre Heimatstadt, Usedom und die Faszination von Horizont und Weite. Das Buch ist kurz genug, um es auf einem Wochenendtrip durchzulesen.

Stilles Land und großes Kino – Welche Sets waren wo, welche Kulisse ist echt? Das Nachschlagewerk zum Film in Mecklenburg-Vorpommern, herausgegeben von Marco Voss (2015), verrät Ihnen, welche Filme und TV-Serien an Ihrem Urlaubsort gedreht wurden.

Wir sind jung. Wir sind stark – Der Spielfilm von 2014 stellt das Pogrom von 1992 nach, als in Rostock-Lichtenhagen das Sonnenblumenhaus brannte und die grölende Menge den Tod der Eingeschlossenen in Kauf nahm. Bis heute ist das für Rostock ein Trauma.

Strom 32 | Tel. 0381 8579787 | www.restaurant-stromer.de | €€€

FREIZEIT & SPORT

FIETE FISCHKOPP

Seemannsgarn erzählt Fiete Fischkopp auf seinen Rundgängen, dazu spielt er Akkordeon, singt Shantys und zeigt Zaubertricks. Man kann ihm also nicht vorwerfen, er lege sich nicht ins Zeug für Ihre Unterhaltung. *Mai–Sept. Fr 20 Uhr | 7,50 Euro | Treffpunkt an der Touristinformation | mobil 0152 55333929 | info@fietefischkopp.de*

SUPREMESURF

Alle zwei Stunden steht hier die Welle. Sie ist der Einfahrt der Dänemarkfähren zu verdanken und bleibt etwa 15 Minuten. Die Surfschule hat sich darauf spezialisiert und bietet einen Kurs im Wellenreiten *(Einsteiger 29 Euro)* an. *Am Strande 2e | mobil 0176 61732101 | www.supremesurf.de*

AM ABEND

KLEINE KOMÖDIE

Kabarett, Zwei-Personen-Stücke und Filmvorführungen: ein buntes Programm, das Sie nicht auf Klappsitzen, sondern bei einem Drink an gemütlichen Tischen genießen. *Rostocker Str. 8 | www.volkstheater-rostock.de*

ÜBERNACHTEN

DOCK INN

Schon mal in einem Container geschlafen? Im Warnemünder Hafen wurden ausgediente Überseecontainer zu einem coolen, aber komfortablen Hostel arrangiert – mit Boulderhalle, Sauna und Kino. *64 Zi. | Zum Zollamt 4 | Tel. 0381 670700 | www.dock-inn.de* | €

VERSTECK AM STROM

Bis zu sieben Personen können in den Apartments übernachten. Manche haben einen besonderen Ausblick, andere einen Kaminofen. Gegen Langeweile an Regentagen helfen INSIDER TIPP Bücher und Filme zum Ausleihen. *15 Ap. | Am Strom 32 | Tel. 0381 87729975 | www.versteck-am-strom.de* | €€–€€€

Er gehört dazu: der Rundumblick vom Leuchtturm Warnemünde

AUSKUNFT

TOURISTINFORMATION

Am Strom 59/Ecke Kirchenstraße | 18119 Rostock-Warnemünde | Tel. 0381 3812222 | www.warnemünde.de

FISCHLAND, DARSS, ZINGST

Die Halbinsel Fischland-Darß-Zingst hat zwei Gesichter: auf der einen Seite das Meer, auf der anderen Seite die Boddenkette. Innerhalb von wenigen Kilometern tauscht man Dünen gegen Schilf, Wellen und Möwen gegen sanfte Buchten, auf denen Blesshühner dümpeln.
Zwischen Bodden und Meer liegen die Darßdörfer Ahrenshoop, Born und Wieck mit geduckten rohrgedeckten Katen. Wustrow auf dem Fischland. Und Prerow und Zingst, die gerade im Sommer extreme Touristenmagneten sind. Die kleinen Städte Ribnitz-Damgarten im Westen und Barth im Osten lohnen bei der An- und Abreise einen Besuch. Auf dem Darß wächst der Wald, wie er will, die Küste wird von Wasser und Wind ständig neu geformt. Das soll so sein, schließlich gehört hier fast alles zum Nationalpark Vorpommersche Boddenlandschaft.

AHRENSHOOP

(130 A2) (J3) **Nachdem sich Ende des 19. Jhs. ein Schwung Malerinnen und Maler in Ahrenshoop niedergelassen hatte und eine Künstlerkolonie entstanden war, hatte der Ort schnell sein Image weg. Und es bis heute behalten.** Die Künstler ließen sich besonders vom *Hohen Ufer* inspirieren, einem Steilküstenabschnitt mit wunderschönen Blicken auf die Ostsee. Da wächst Sanddorn, in der steilen Wand brüten Uferseeschwalben. Der größte Teil von Ahrenshoop liegt in Vorpommern,

 Bild: Am Ahrenshooper Strand

Wilder Wald und lange Küsten: Viele Sehnsuchtsorte liegen an den schilfbestandenen Bodden und der offenen Ostsee

die Ortsteile Alt- und Niehagen noch in Mecklenburg.

SEHENSWERTES

Auf den Bildern im ★ *Kunstmuseum Ahrenshoop (tgl. 11–18 Uhr | Eintritt 8 Euro | Weg zum Hohen Ufer 36 | www.kunstmuseum-ahrenshoop.de)* werden Sie Motive entdecken, die Ihnen schon vom Strandspaziergang vertraut sind. Das Museum zeigt Werke von Künstlern der Ahrenshooper Kolonie. Kunst gucken kann man auch im *Kunstkaten (tgl. 10–13 u. 14–17 Uhr | Eintritt 3 Euro | Strandweg 1 | www.kunstkaten.de)*. Hier finden im Sommer auch große Kunstauktionen statt. Zum 125-jährigen Jubiläum der Künstlerkolonie hat die Gemeinde sich 2017 selbst den *Kunstpfad Ahrenshoop* geschenkt. An zehn Stationen entlang geht's auf Spurensuche. Welcher Blick inspirierte zu welchem Kunstwerk? Flyer dazu gibt es auf *www.ostseebad-ahrenshoop.de* oder in der Kurverwaltung.

ESSEN & TRINKEN

AHRENSHOOPER FISCHKISTE

Gar nicht so leicht, am Bodden Fisch aus der Region zu finden. Aber hier! Fischer Frank Hebel informiert gerne, wo der Fisch herkommt, den Sie sich geräuchert in einem knusprigen Brötchen schmecken lassen oder fangfrisch für die Zubereitung im Ferienquartier kaufen – auch auf Vorbestellung. *Unregelmäßige Öffnungszeiten (telefonisch erfagen) | Dorfstr. 41 | Strandübergang 10 | Tel. 038220 6 68 73 | www.ahrenshooper-fischkiste.de*

Der Keramiker Friedemann Löber bei der Arbeit

INSIDER TIPP KAFFEEMÜHLE

Schon ein bisschen verrückt: Weil an dieser Stelle früher mal eine Mühle stand, hat Familie Köppke auf dem Grundstück kurzerhand wieder eine errichtet. Drinnen gibt es fair gehandelten Kaffee, Mittagssuppe und Kuchen überwiegend aus regionalen und ökologischen Zutaten. Und alles selbst gemacht. *März–Okt. tgl. 11–18 Uhr | Feldweg 7 | Tel. 038220 66 83 43 | www.muehle-ahrenshoop.com* | €€

EINKAUFEN

BUNTE STUBE

Sorgfältig ausgesuchte Bücher, Kunsthandwerk und Naturprodukte – das über 100 Jahre alte Traditionsgeschäft lässt Sie nicht ohne Mitbringsel nach Hause fahren. *Dorfstr. 24 | www.bunte-stube.de*

DORNENHAUS

Die Löbers sind Teil einer Fischländer Keramikerdynastie. In ihrem rohrgedeckten Dornenhaus verkaufen sie ihre Fischlandkeramik mit Kranichen, Libellen oder floralen Ornamenten. *Bernhard-Seitz-Weg 1 | Althagen | www.dornenhaus.de*

FREIZEIT & SPORT

ISLANDPFERDEHOF FISCHLAND

Islandponys sind freundlich und robust. Wer schon immer mal reiten wollte, sollte das hier versuchen. Und wer es schon kann: Der Hof bietet INSIDER TIPP Tagesritte zum Darßer Ort an. In jedem Fall vorher anrufen. *Weg zum Kiel 12 | Tel. 038220 6 93 28 | www.islandpferdehof-fischland.de*

MALEN

Ran an die Farben, malen kann man lernen! Sagt jedenfalls die Künstlerin Carola Pieper und bietet Kurse im Naturstudium und Landschaftsmalen an. Auch für Anfänger. *Kurs ab 36 Euro/3 Std. | Althäger Str. 40 | Althagen | Tel. 038220 8 06 19 | www.carolapieper.de*

ÜBERNACHTEN

PENSION BRADHERING

Auf dem Frühstückstisch stehen selbst gemachte Marmeladen und die Kräuter aus dem Garten. Zwischen den Rosen kann man ganze Nachmittage verträumen. Das Bauernhaus am Saaler Bodden hat zehn Wohneinheiten: Zimmer, Apartments und Ferienwohnungen. *Weg zum Kiel 7 | Tel. 038220 414 | www.pension-bradhering.de |* €€

AUSKUNFT

KURVERWALTUNG

Kirchnersgang 2 | 18347 Ahrenshoop | Tel. 038220 66660 | www.ahrenshoop.de

BARTH

(130 C2) (*K3*) **Einer Sage nach versank die große und reiche Stadt Vineta in den Fluten der Ostsee. Ob sie wirklich in der Nähe von Barth (8700 Ew.) gelegen hat, ist allerdings umstritten.**

So oder so nennt sich Barth seit 1999 „Vinetastadt" und hat sich diesen Namen auch gleich patentieren lassen. Verglichen mit größeren vorpommerschen Städten wie Stralsund oder Greifswald wirkt Barth auf den ersten Blick wie die ungeliebte kleine Schwester. Kirche, Hafen, Marktplatz, alles ist eine Spur bescheidener. Umso überraschter ist man von der freundlichen Atmosphäre, all den sanierten Bürgerhäusern, dem *Dammtor* und der *Sankt-Marien-Kirche* aus dem 13. Jh. mit Buchholzorgel.

SEHENSWERTES

MAHN- UND GEDENKSTÄTTE

Während des Zweiten Weltkriegs errichteten die Nationalsozialisten ein Konzentrationslager in Barth, in dem bis zum Ende des Kriegs 7000 Menschen Zwangsarbeit in der Flugzeugmontage leisten mussten. Mehrere Hundert Menschen verhungerten oder wurden erschossen. Die Mahn- und Gedenkstätte in der Chausseestraße am Ortseingang erinnert an die Opfer des Konzentrationslagers. Im Stadtzentrum gibt es eine *Ausstellung (Mai–Okt. Mo–Do 10–16 Uhr | Eintritt frei | Am Blecher Wall 1b)* zu Barth im Nationalsozialismus.

VINETA-MUSEUM

Hier können Sie in die Stadtgeschichte eintauchen. Und der Frage nachgehen, ob Vineta tatsächlich bei Barth lag. *Mo–Fr 10–17, Sa, So 11–17 Uhr | Eintritt 5 Euro | Lange Str. 16 | www.vineta-museum.de*

ESSEN & TRINKEN

GALERIE-CAFÉ BARTH

Ein gemütliches Café direkt am Marktplatz, in dem regionale Künstler und Kunsthandwerker ausstellen. Dazu gibt's

MARCO POLO HIGHLIGHTS

★ **Kunstmuseum Ahrenshoop**
Auf der Spur der Künstlerkolonisten → S. 55

★ **Darßer Ort**
Leuchtturm, Nationalparkausstellung und viel Wald → S. 60

★ **Weststrand**
Gehört zu den schönsten Stränden – und den wildesten → S. 60

★ **Pramort**
Kraniche und flaches Wasser am Ostende von Zingst → S. 67

Kaffee und Kuchen und kleinere herzhafte Speisen. *Mo geschl. | Klosterstr. 1 | Tel. 038231 49 90 57 | www.galerie-cafe-barth.com* | €€

SPEICHER BARTH
Beim Abendessen im Wintergarten des ehemaligen Getreidespeichers genießen Sie nicht nur die gehobene Küche, sondern auch die Aussicht auf den Yachthafen und das schicke Ambiente. *Tgl. | Am Osthafen 2 | Tel. 038231 6 33 00 | www.speicher-barth.de* | €€–€€€

FREIZEIT & SPORT

Ein Wanderweg führt über 11 km vom Hafen zum INSIDER TIPP *Fuchsberg* mit superschönem Boddenblick und zurück. Eine Wegbeschreibung bekommen Sie bei der Barth-Information.

ÜBERNACHTEN

INSIDER TIPP **LANDHAUS RUBITZ**
Das mit Rohr gedeckte alte Bauernhaus liegt 6 km außerhalb von Barth, immer noch dicht an Küste und Bodden, hat einen großen Garten, und in den vier Zimmern stehen Holzmöbel auf alten Dielen. Für alle, die raus aus dem Trubel wollen. *Erlenweg 56 | mobil 0173 3 19 49 48 | www.landhaus-rubitz.de* | €€

LOW BUDG€T

Eine Entdeckungsreise durch die Natur dieses Landstrichs ist nicht teuer: An fast allen Führungen und Exkursionen des Nationalparkamts können Sie kostenlos oder gegen einen Unkostenbeitrag teilnehmen (Angebot unter *www.nationalpark-vorpommersche-boddenlandschaft.de*), und auch der Besuch der Informationszentren in *Pramort* (s. S. 67) und *Barhöft* (s. rechte Spalte) kostet nichts.

AUSKUNFT

BARTH-INFORMATION
Markt 3/4 | 18356 Barth | Tel. 038231 24 64 | www.stadt-barth.de

ZIELE IN DER UMGEBUNG

BARHÖFT (131 E1) (*M2*)
Ein kleiner Hafen im Nationalpark (31 km nordöstlich) mit Imbiss, kleinem Laden, Bootsausleihe und Fischputzplatz (!) für Angler. Vom Aussichtsturm hat man eine prima Sicht auf den Bock, eine Insel zwischen Zingst, Festland und Hiddensee. Und auf die Nordansteuerung von Stralsund, die ständig ausgebaggert wird. Sonst wäre die Rinne längst versandet, so wie all die flachen Wasserstellen drum herum, in denen Möwen waten. Das *Nationalpark-Informationszentrum Barhöft (April–Okt. tgl. 10–17 Uhr | Eintritt frei | Haus Norden | Am Barhöfter Kliff | short.travel/omv12)* macht aufmerksam auf das, was es hier zu sehen gibt. Direkt am Hafen quartieren Sie sich im *Hotel Seeblick (38 Zi. | Am Hafen 1–2 | Tel. 038323 8 13 05 | www.hotel-zum-seeblick.de)* ein. Das Personal ist geübt darin, Lunchpakete für alle diejenigen zu packen, die in der Morgendämmerung lieber auf Kranichpirsch als im Frühstücksraum sind.

GROSS MOHRDORF (131 D2) (*L3*)
Die Gegend um Groß Mohrdorf (21 km östlich) ist ein Kranich-Hotspot. Im *Kranich-Informationszentrum (wechselnde Öffnungszeiten s. Website | Lindenstr. 27 | www.kraniche.de)* geht's um die Rou-

Kleine Katen mit bunten Türen in blühenden Gärten: Das ist Born

ten der Kraniche, ihre Anpassung an das veränderte Klima, ihre Brut und die Rast in Vorpommern. Die Mitarbeiter geben gerne Tipps zum Kranichgucken. Bevor die Vögel dann in der Dämmerung einfliegen, finden Sie auf halber Strecke in Groß Kordshagen im INSIDER TIPP *Café Olsen* *(Di, Mi geschl. | Hofallee 6 | www.cafe-olsen.de)* einen Platz – bei Sturm und Regen am Ofen, im Sommer im schattigen Gutspark. Es gibt Quarkkeulchen! Und Kaffee einer lokalen Rösterei.

BORN

(130 B2) (*J3*) **Born (1200 Ew.) zwischen Darßwald und Bodstedter Bodden hat es ähnlich gut wie Wieck geschafft, sein ursprüngliches Flair zu behalten: Die Sandstraßen säumen rechts und links Schifferhäuser mit den geschnitzten und bunt angemalten Darßtüren.**

Born ist vielleicht der beste Ort, um den Zauber der Bodden zu erleben. Gerade an windstillen Tagen, wenn sogar die Schilfhalme unbewegt sind und nur hier und da ein Schwan auf dem Wasser dümpelt, erinnern sie an eine Märchenwelt.

ESSEN & TRINKEN

WALFISCHHAUS

Direkt am Hafen bekommen Sie leckeres und frisches Bioessen – garniert mit Blüten, Körnern und Kräutern. *Tgl. | Chausseestr. 74 | Tel. 038234 55784 | www.walfischhaus.de* | €€–€€€

FREIZEIT & SPORT

GUT DARSS

In erster Linie ist das Gut ein ökologischer Rinderzuchtbetrieb. Geschäftsführer Marc Fiege verkauft aber nicht nur Wasserbüffel- und Wildschweinbraten, sondern sorgt mit Minigolfplatz *(7,50 Euro)*, Eisstockbahnen *(nur mit Reservierung)* und Kletterwald *(20 Euro)* dafür, dass Sie sich auspowern – und danach in der

Gutsküche (€€) die Energiespeicher wieder auffüllen. *Tgl. 11–17, Juni–Aug. u. Gutsküche bis 19 Uhr | Am Wald 26 | Tel. 038234 50 60 | gut-darss.de*

AM ABEND

Auf der überdachten *Freilichtbühne* werden jeden Sommer die *Darß-Festspiele (www.darss-festspiele.de)* auf Platt- und Hochdeutsch inszeniert. Und die Bornerin Helga Mau schafft es jedes Jahr wieder, auch überregional und international bekannte Künstler für Sommerkonzerte in die *Fischerkirche* zu holen.

ÜBERNACHTEN

BLAUE KATE

Die drei Ferienwohnungen (Buchung ab sieben Tagen) wurden mit viel Holz, Lehmputz und ökologischen Farben saniert. Hinter dem Haus im Ortskern gibt es einen Kräutergarten, und auf Anfrage nimmt Vermieterin Martina Böhme ihre Gäste auf eine INSIDER TIPP Wildkräuterwanderung mit. *Auf dem Branden 6 | mobil 0176 72 26 99 43 | www.blaue-kate-born.de | €€*

AUSKUNFT

KURVERWALTUNG

Chausseestr. 75 | 18375 Born a. Darß | Tel. 038234 5 04 21 | www.darss.org

PREROW

(130 B1) *(K2)* **Klar, Prerow (1500 Ew.) hat einen feinen und langen Strand, im Ort gibt es majestätisch schöne Bäume vor Schifferhäusern mit altersschiefen Veranden. Und im Prerowstrom kann man bei einer Bootstour mit etwas Glück eine Robbe beobachten.**

Aber Prerows wahre Schätze liegen außerhalb des Orts: im Westen der Weststrand, wo die Ostsee beständig den Sand abträgt, im Norden der Darßer Ort, wo der Sand wieder angespült wird.

SEHENSWERTES

DARSSER ORT ★

Zum Darßer Ort kommt man nur zu Fuß, mit einer Pferdekutsche oder dem Rad. Die ganze Region gehört zum Nationalpark Vorpommersche Boddenlandschaft, also immer schön auf den Wegen bleiben. Vom *Leuchtturm (Mai–Okt. tgl. 10–18, Nov.–April Mi–Sa 11–16 Uhr | Eintritt 3,50 Euro)* haben Sie 'ne prima Sicht auf die angespülten Sände. Das *Natureum Darßer Ort (Juni–Aug. tgl. 10–18, Mai, Sept., Okt. bis 17, Nov.–April Mi–So 11–16 Uhr | Eintritt 5 Euro | www.natureum-darss.de)*, Außenstelle des Stralsunder Meeresmuseums, bietet dazu passend Infos über die Küstendynamik und die Tiere und Pflanzen rundherum.

DARSS-MUSEUM

Spannendes über Leute, Geschichte, Technik und Natur erfahren Sie in diesem Museum. Dessen engagierte Chefin organisiert regelmäßig Vorträge und Märkte, z. B. freitags um 11 Uhr eine Führung auf Plattdeutsch. *Mai–Okt. Di–So 10–18, Nov.–April Fr–So 13–17 Uhr | Eintritt 5 Euro | Waldstr. 48 | short.travel/omv13*

WESTSTRAND ★

Seit der Fernsehsender Arte den Darßer Weststrand zu einem der 20 schönsten Strände der Welt (neben der Copacabana!) erklärt hat, ist er berühmt. Völlig zu Recht. Um hinzukommen, muss man von Prerow aus erst einmal durch den *Darßwald*. Kiefern, Buchen, Moose. Da lauert doch ein Troll hinter dem Stamm! Oder war es eine Ringelnatter? Im Spätsommer finden Sie auf Ihrem Weg INSIDER TIPP Blaubeeren, im Herbst Pilze und folgen dem alten Meeresufer, denn im Lauf der Jahrhunderte

Wild, abgeschieden und kilometerlang: der Darßer Weststrand

hat sich der Strand immer weiter nach Norden bewegt. Und dann liegt er endlich vor Ihnen, der Traumstrand. Oben in den Ausläufern der Dünen stehen Windflüchter, Kiefern, gebeugt vom ständigen Westwind. Im Sand liegen vom Sturm oder Wasser gefällte Baumstämme, und als Abschiedsgeschenk versinkt abends die Sonne im Meer – und nicht, wie in Mecklenburg und Vorpommern sonst häufig, über dem Land.

ESSEN & TRINKEN

DARSSER BRAUHAUS

Zum Darßer Bier – Ann Strübig und Markus Lau brauen selbst vier Sorten – gibt's Deftiges: Haxen und Steaks, aber auch Zanderfilet. *Tgl. | Bergstr. 1 | Tel. 038233 717757 | www.darsser-brauhaus.de* | €€

TEESCHALE

Unter dem rohrgedeckten Dach und hinter der bunten Darßer Tür kriegen Sie Tee (notfalls auch Kaffee) mit selbst gemachtem Kuchen. Im Sommer müssen Sie oft auf einen Platz warten, vor allem auf der Terrasse. *Mo geschl. | Waldstr. 50 | www.teeschale.de*

FREIZEIT & SPORT

DARSSTOUR

Je nach Wind und Wetter geht's auf Bodden oder Ostsee, sogar bis nach Hiddensee. Henrik Schmidtbauer betreut auf dem Wasser maximal sechs Personen und freut sich, wenn aus bis dahin Unbekannten blitzschnell eine Gruppe wird. Darßtour bietet Kajak-, Rad- und Wandertouren und sogar INSIDER TIPP Baumklettern auf nicht festgelegten Routen durch den Darßwald an. *Kajaktour ab 69 Euro/Pers. | mobil 0178 1886680 | www.darsstour.de*

AM ABEND

CINEMA PREROW

Das Kino ist so klein wie entzückend. Die Qual der Filmwahl entfällt: Auf lila Samtsesseln können Sie pro Tag jeweils nur einen Film sehen. *Waldstr. 5 | Tel. 038233 6 01 41 | www.kino-prerow.de*

ÜBERNACHTEN

REGENBOGEN-CAMP PREROW

Inzwischen legendär ist das Camp in den Dünen. Der Platz liegt halb im, halb außerhalb vom Nationalpark. Einmal angekommen, muss man nicht mehr weg: Sie bekommen dort frische Brötchen, die nötigsten Lebensmittel, es gibt ein kleines Café und sogar eine Segel- und Surfschule. Wer kein Zelt hat, kann eines mieten. *Bernsteinweg 4–8 | Tel. 0431 2 37 23 70 | short.travel/omv7 |* €

WOHNSCHIFF STÖRTEBEKER

Priesterloch heißt eine kleine Ausstülpung des Boddens – hier liegt eine Ferienwohnung auf dem Wasser. Acht Personen passen auf das Schiff, auf dem schon 1974 Arbeiter urlaubten. 2013 ist das Schiffchen aufs Feinste saniert worden. Da steckt viel Liebe im Detail: Die Sonne geht hinter den Küchenfenstern auf, am Ofen steht ein Lesesessel, und die Abendsonne scheint auf die Terrasse am Heck. Mit riesigem Wassergrundstück. *Kirchenort 8 | mobil 0177 3 13 49 69 | wohnschiff-stoertebeker.weebly.com |* €€€

AUSKUNFT

KUR- UND TOURISMUSBETRIEB

Gemeindeplatz 1 | 18375 Ostseebad Prerow | Tel. 038233 61 00 | www.ostseebad-prerow.de

RIBNITZ-DAMGARTEN

(130 A3–4) (*J4*) **Wer aus Richtung Westen kommt, kommt um Ribnitz-**

Im Regenbogen-Camp schlagen Sie Ihr Zelt in den Dünen auf

Damgarten kaum herum, es ist das Einfallstor aufs Fischland.
Weil das Städtchen (15 200 Ew.) – wie der Name verrät – aus zwei Orten zusammengewachsen ist, gibt es hier alles zweimal: zwei Häfen, zwei Innenstädte, zwei Kirchen. Ribnitz-Damgarten nennt sich auch „Bernsteinstadt", weil es u. a. das Bernsteinmuseum und, natürlich, Schmuckläden hat.

SEHENSWERTES

DEUTSCHES BERNSTEINMUSEUM
Hier dreht sich alles um das Gold des Nordens. Zu sehen sind Bernsteinschmuck, Bernsteineinschlüsse, besondere Steine und Kunstwerke mit und aus Bernstein. Klar gibt's den auch im Museumsshop zu kaufen. *März–Okt. tgl. 9.30–18, Nov.–Feb. Di–So 9.30–17 Uhr | Eintritt 8,50 Euro | Im Kloster 1–2 | www.deutsches-bernsteinmuseum.de*

FREILICHTMUSEUM KLOCKENHAGEN
Brot backen, Körbe flechten, filzen. Rund um 20 Häuser aus dem ländlichen Norddeutschland zeigt das Museum, wie Menschen in Mecklenburg-Vorpommern früher lebten und arbeiteten. Am Ende können Sie dann noch einen Friseursalon besuchen und mit einem neuen alten Haarschnitt nach Hause gehen. *April–Okt. tgl. 10–17, Mitte Juni–Mitte Sept. bis 18 Uhr | Eintritt 8 Euro | Mecklenburger Str. 57 | www.freilichtmuseum-klockenhagen.de*

ESSEN & TRINKEN

RIBNITZER FISCHHAFEN
Geräuchert, gebraten, zwischen zwei Brötchenhälften oder als Salat: Fisch finden Sie in nahezu jeder Form im Ribnitzer Fischhafen. Zu diesem gehören auch die Restaurants *Fischhafen-Restaurant Meeresbüfett (tgl. | Tel. 03821 39 07 18 | €€)* und *De Zees (tgl. | Tel. 03821 89 48 30 | €€–€€€)*, ein Fischverkauf und ein Imbiss. Es gibt sogar einen INSIDER TIPP Fischversanddienst – falls Sie Ihren Freunden zu Hause einen Gruß aus Ribnitz schicken wollen. *Am See 40 | www.fischhafen.de*

ÜBERNACHTEN

PERLE AM BODDEN
Das Hotel liegt direkt an der Ribnitzer See, also am Bodden. Das bedeutet Boddenblick aus dem Fenster und eine nette Hafenatmosphäre. *17 Zi. | Fritz-Reuter-Str. 15 | Tel. 03821 21 48 | www.perle-a-b.de | €€*

AUSKUNFT

TOURIST-INFORMATION
Am Markt 14 | 18311 Ribnitz-Damgarten | Tel. 03821 22 01 | www.ribnitz-damgarten.de

WIECK

(130 B2) (K3) **Ein Spaziergang in Wieck auf dem Darß (700 Ew.) ist wie ein Besuch in der Vergangenheit. Die Wiecker haben es geschafft, einen guten Teil ihrer Dorfatmosphäre in die Gegenwart zu retten.**
An den Sandstraßen und am Bodden stehen viele alte Kapitäns- und Steuermannshäuser mit verglasten Veranden und großen Gärten. Beim Schlendern durch den ursprünglichen Ort fällt auf, dass sich selbst die neu gebauten Häuser in das Gesamtbild einfügen. Späte Genugtuung für die Wiecker: Während sie wegen ihrer Lage am Bodden und fehlendem Ostseezugang lange nicht vom Tourismus profitieren konnten, kommen vie-

le Urlauber jetzt gerade wegen Ruhe und Ursprünglichkeit. Zum Meer fahren kann man ja immer noch.

SEHENSWERTES

DARSSER ARCHE

Für einen richtig guten Überblick über die Landschaft, Bodden, Wald und Küste sorgt das Nationalparkzentrum und Gästehaus. Auch Sonderveranstaltungen wie das „Kulinarische Kino" stellt es auf die Beine und beherbergt einen Souvenirladen, ein Biocafé und die Zimmervermittlung des Orts. Und beim Darß-Marathon jedes Jahr im Mai ist hier Start und Zieleinlauf. *Juni–Sept. tgl. 9–17, Mai, Okt. tgl. 10–17, April tgl. 10–16, Nov.–März Do–Mo 10–16 Uhr | Eintritt 6,50 Euro | Bliesenrader Weg 2 | www.darsser-arche.de*

ESSEN & TRINKEN

TUN EIKKOTER

Bevor Sie rätseln: Der plattdeutsche Name des Wirtshauses, in dem es nett und persönlich zugeht, heißt übersetzt „Zum Eichhörnchen". Bodenständig wie die Küche, aus der vor allem Fisch- und Wildgerichte kommen. *Tgl. | Hauptstr. 20 | Tel. 038233 6 01 46 | www.eikkoter.de* | €€

EINKAUFEN

Der beliebteste *Biomarkt* auf der Halbinsel wird jeden Mittwoch und Samstag an der *Darßer Arche* aufgebaut. Im Angebot ist alles, was in der Region so wächst. Am mobilen Kaffeestand von INSIDER TIPP *Land-Delikat (www.landdelikat.de)* sollten Sie einen selbst gerösteten, fair gehandelten und ökologisch produzierten Kaffee trinken – nicht aus dem Pappbecher, sondern aus einer Porzellantasse.

FREIZEIT & SPORT

BODDENWEG

Besonders schön ist der Spaziergang (6 km) von Wieck bis Born, zur Linken die Schilfgürtel, auf dem Wasser Blesshühner und Nonnengänse. Sie folgen einem Schmugglerpfad, von denen es einige im Bodden gab, denn in der Schwedenzeit verlief eine Zollgrenze zwischen Pommern und Mecklenburg.

ÜBERNACHTEN

HAFERLAND

Das Haferland hat es geschafft, die Wiecker Ortsatmosphäre in ein Hotel zu transformieren. Unterm Rohrdach haben zwei Restaurants *(tgl. | €€€)*, 32 Zimmer, 14 Apartments, Sauna und Schwimmbad Platz. Schwimmen geht aber auch gegenüber im Bodden. *Bauernreihe 5a | Tel. 038233 6 80 | www.hotelhaferland.de* | €€–€€€

INSIDER TIPP HAUS AM SCHILF

Sieben schicke Ferienwohnungen im skandinavischen Design, von denen drei als Vogelnester gestaltete Balkone haben. Mit Sauna und Brötchenbringdienst. *Jagdhaus 7b | Tel. 038233 62 50 | www.haus-am-schilf.de* | €€

AUSKUNFT

KUR- UND TOURIST GMBH DARSS

Bliesenrader Weg 2 | 18375 Wieck a. Darß | Tel. 038233 2 01 | www.erholungsort-wieck-darss.de

WUSTROW

(130 A2) (*J3*) **Wustrow (1100 Ew.) ist mindestens aus zwei Gründen bekannt: Wegen Ex-Bundespräsident Jo-**

achim Gauck, der hier aufwuchs. Und wegen der ersten deutschen Seefahrtsschule auf dem Stegberg, an der zwischen 1846 und 1992 über 13 000 angehende Steuerleute und Kapitäne ihr Patent machten.

Die Schule war eine Institution und sorgte während der Glanzzeit der Segelschifffahrt für den dringend benötigten seemännischen Nachwuchs. Was aus den nun leer stehenden Gebäuden wird, steht noch nicht fest. Im Ort gibt es eine Flaniermeile und eine Seebrücke – über beide lohnt sich ein Spaziergang.

SEHENSWERTES

Vom ✲ *Kirchturm* aus bietet sich einer der schönsten Blicke der ganzen Halbinsel. Schließlich liegt der Ort an ihrer schmalsten Stelle, sodass Sie von oben gleich gut auf den Bodden und die offene See schauen können. Der *Wustrower Kulturpfad* führt zu 28 blauen Steinen, die im Ort verteilt liegen. Ein Begleitbüchlein, das Interessantes zu den einzelnen Stationen verrät, gibt es für 5 Euro bei der Kurverwaltung.

ESSEN & TRINKEN

SCHIMMELS

Kalbsleber mit Lakritz und Melone? Glacierte Ananas? Kloß von der lila Kartoffel? So was wird bei Schimmels gekocht – und vom Guide Michelin ausgezeichnet. *Do geschl. | Parkstr. 1 | Tel. 038220 6 65 00 | www.schimmels.de |* €€€

FREIZEIT & SPORT

ZEESBOOTSEGELN

Zeesboote heißen die alten Fischerboote mit den braunen Segeln. Wenn Sie damit raus auf den Saaler Bodden wollen, dann heuern Sie auf den ehemaligen Fischereiseglern Butt und Bill an. *Mai–Okt. tgl. 11, 13, 15, 17 Uhr | 14 Euro/90 Min. | mobil (Peter Eymael) 0170 2 01 78 16 | www.kunstscheune-barnstorf.de/butt*

Bodden oder Ostsee? Auf dem Wustrower Kirchturm sehen Sie beides – gleichzeitig

Schwer zu sagen, was am Café Rosengarten besser ist: der Garten oder die Torten

AM ABEND

HAKUNA MATATA

Trinken Sie sich durch 100 verschiedene Getränke. Besonders zu empfehlen ist die Cocktail-Eigenkreation INSIDER TIPP „Taste of Passion". Die Bar kommt auch an den Strand *(Juli–Sept. Di, Mi ab 18 Uhr | Strandübergang 3)* zum Beach-Chill-out mit Grill, Nackensteaks und Bratwürsten sowie Cocktails zum Sonnenuntergang. *Strandstr. 1a | www.hakuna-matata-bar.de*

ÜBERNACHTEN

HOTELSCHIFF STINNE

Die Stinne liegt zwar auf dem Trockenen, aber trotzdem ist der hundert Jahre alte Küstenschoner eine besondere Unterkunft. Irgendwie schläft man in den sechs Doppelkabinen anders, auch wenn kein Wasser mehr die Holzplanken umspült. Die Möwen kreischen ja trotzdem. *Kuhleger 13 | Tel. 038220 336 | www.hotelschiff-stinne.de* | €–€€

AUSKUNFT

KURVERWALTUNG

Ernst-Thälmann-Str. 11 | 18347 Wustrow | Tel. 038220 251 | www.ostseebad-wustrow.de

ZINGST

(130 B–C1) (*🕮 K2–3*) **Seit 1990 hat der Bauboom in Zingst gewütet und aus dem Kapitäns- und Fischerdörfchen einen Ferienort gemacht, in dem man Baulücken mit der Lupe suchen muss.** Mittlerweile zählt man über 800 000 Gästeübernachtungen pro Jahr, dem stehen gerade mal 3000 Ew. gegenüber. Damit ist der Ort definitiv die kommerziell erfolgreichste Gemeinde auf dem Fischland-Darß-Zingst. Doch trotz pha-

senweiser Überfüllung gibt es Ecken, die einen Besuch lohnen. Wichtig für die Urlaubsplanung: In der Vor- und Nebensaison ist es ruhiger und leerer, doch die Kranichsaison im Herbst bringt ein Zwischenbesucherhoch.

SEHENSWERTES

MUSEUMSHOF ZINGST

Der Blick in alte Stuben und den Bauerngarten, auf Segelboote und Kapitänsbilder bringt Ihnen Vergangenheit und Tradition dieses Küstenstrichs näher. *April–Okt. tgl. 10–18, Nov.–März Do–So 10–16 Uhr | Eintritt 5 Euro | Strandstr. 1–3 | www.museum-zingst.de*

ESSEN & TRINKEN

CAFÉ ROSENGARTEN

Hier blüht immer irgendetwas. Manuela von Wedelstädt hat vermutlich nicht nur einen grünen, sondern einen magischen Daumen. Im Cafégarten kann man sich inmitten von Stock- und englischen Rosen, Ringelblumen und Lavendel mit Mohn- und anderen Torten vergnügen, bei schlechtem Wetter geht das auch drinnen vorm Ofen. *Tgl., Okt.–Dez. So geschl. | Strandstr. 12 | www.caferosengarten.net*

EINKAUFEN

INSIDER TIPP LISBETH

Lisbeth verkauft Holzspielzeug, Kartenspiele, Murmeln und Musikinstrumente und verpackt alles liebevoll in selbst geklebte Papiertüten. *Klosterstr. 4*

ÜBERNACHTEN

INSIDER TIPP INSELPARADIES KIRR

Für sich allein haben Sie den Kirr mitten im Nationalpark nicht. Sie müssen ihn mit Uferschnepfe, Rotschenkel, Alpenstrandläufer und anderen Vögeln teilen. Doch es ist einsam genug: An Land kommen Sie nur mit Shuttle- oder Ruderboot. Und wegen des Naturschutzes ist Rumstromern nur begrenzt möglich. *2 Ferienhäuser, 2 Whg. | Tel. 0381 4 58 20 15 | www.insel-kirr.de | €€*

SCHLÖSSCHEN SUNDISCHE WIESE

Den ganzen Tag über wimmelt es an der Sundischen Wiese von Radlern, die im Hof des Schlösschens mit Eis, Kaffee, Suppe und Würstchen versorgt werden. Gegen Abend wird's schnell leer. Im Schlösschen mit seinen 15 Zimmern sind Sie dann ziemlich allein mitten im Nationalpark und nicht weit vom allerletzten öffentlichen Stück Strand. *Landstr. 19 | Tel. 038232 8180 | www.hotelschloesschen.de | €€€*

AUSKUNFT

KURVERWALTUNG

Seestr. 56–57 | im Haus des Gastes | 18374 Zingst | Tel. 038232 8150 | www.zingst.de

ZIEL IN DER UMGEBUNG

PRAMORT ★ (131 D1) (*L3*)

Einen guten Eindruck von der Landschaft bekommen Sie, wenn Sie mit dem Fahrrad nach Pramort (8 km östlich) fahren. Links und rechts liegt die Nationalparkkernzone, ganz im Osten schauen Sie über das schmale Fahrwasser bis nach Hiddensee: ein grandioser Blick und bester Aussichtspunkt, um die einfliegenden Kraniche in der Dämmerung zu sichten. Achtung: In der Kranichsaison wird der Zutritt begrenzt. Auf dem Weg kommen Sie vorbei am *Osterwald* und einer *Nationalparkausstellung (tgl. 10–16, April–Okt. bis 17 Uhr | Eintritt frei)*, in der die Küstendynamik gut erklärt wird.

RÜGEN, HIDDENSEE, STRALSUND

Kreideklippen und stille Buchten, Bäderarchitektur und rohrgedeckte Dächer. Rügen ist so vielfältig, wie es groß ist. Die letzte Eiszeit hat der Insel Hügel und Bodden, Fossilien und weite Ebenen geschenkt, die Geschichte ihre Spuren hinterlassen. Und dann sind da noch Hiddensee, das immer schon Anziehungspunkt für Freiheitssuchende und Künstler war, und die Hansestadt Stralsund auf dem Festland. Über Rügen, Hiddensee und Stralsund informiert Sie ausführlich der MARCO POLO Band „Rügen".

BINZ

(133 E4) (O3) **Mondäner geht's (auf Rügen) nicht. Das 5300 Einwohner zählende Binz ist das High End, hat die Strandpromenade zum Flanieren, die Seebrücke, um sandfrei übers Wasser zu gelangen, und einen 5 km langen, feinen Sandstrand zum Baden.**

Schicke Hotels wie das Strandhotel aus der Gründerzeit und Villen im Bäderarchitekturstil säumen die Promenade. Hier gibt es sie wirklich: Damen im Abendkleid und Männer im Smoking.

SEHENSWERTES

BAUMWIPFELPFAD

Ein Spaziergang in den Baumkronen! Zum Schluss den spiralförmigen Weg bis ganz nach oben nehmen und in 82 m Höhe über das Meer schauen. Führungen um 11 und 14 Uhr, besonders schön sind

Bild: Seebrücke Binz

So atemberaubend schön wie die Küsten und Naturlandschaften auf Rügen und Hiddensee ist auch die Altstadt von Stralsund

die Vollmond- oder Sonnenaufgangstouren. *Mai–Sept. tgl. 9.30–19.30 Uhr, sonst eingeschränkt | Eintritt 11 Euro | Forsthaus Prora 1 | www.nezr.de*

JAGDSCHLOSS GRANITZ

Zu Binz gehört auch das Jagdschloss, das wie so vieles auf Rügen Fürst Malte zu Putbus zu verdanken ist, der neben einem Badeort (Lauterbach) und einer Residenzstadt (Putbus) auch ein Jagdschloss haben wollte. Es thront auf dem Tempelberg und ist weit über den Bodden zu sehen. *Mai–Sept. tgl. 10–18 Uhr, sonst eingeschränkt | Eintritt 6 Euro*

PRORA

In dem von den Nationalsozialisten aus dem Boden gestampften Ortsteil mit dem „Koloss von Rügen", einem 4,5 km langen Gebäude, sollten mal 20 000 Menschen gleichzeitig Urlaub machen. Nach der Wende wurde über das Schicksal der Ruine gestritten. Mittlerweile sind in den Gebäudeblöcken eine Jugendherberge und Luxuswohnungen entstanden.

Ganz oben auf dem Dornbusch steht Hiddensees Wahrzeichen: der Leuchtturm

ESSEN & TRINKEN

FREUSTIL

Sehr edel, sehr lecker, und die Zutaten kommen aus der Region. Das Restaurant darf sich mit Rügens einzigem Michelinstern schmücken. Für Einsteiger gibt es nebenan die *Canteen (€€)*, eine Art Bistro, in der das Spitzenessen erschwinglicher ist. *Mo/Di geschl. | Zeppelinstr. 8 | Tel. 038393 5 04 44 | www.freustil.de | €€€*

FREIZEIT & SPORT

RASENDER ROLAND

Der Rasende Roland dampft zwischen Göhren, Baabe, Sellin, Binz und Putbus und hält auch am Jagdschloss Granitz. Die Wagen sind historisch, der Kessel muss angefeuert werden, und die Lokomotive pfeift. Und erinnert auch daran, dass das Bahnnetz auf Rügen früher deutlich besser ausgebaut war als heute, wo man im Sommer mit dem Bus oft lange im Stau steht. *Fahrplan: www.ruegensche-baederbahn.de*

ÜBERNACHTEN

VILLA MEERESGRUSS

Bäderarchitektur nicht nur zum Angucken, sondern zum Wohnen: Villa Meeresgruß ist ein kleineres Hotel mit 18 Zimmern und drei Ferienwohnungen, 50 m vom Strand. *Margaretenstr. 19 | Tel. 038393 38 20 | www.villa-meeresgruss.de | €€*

AUSKUNFT

KURVERWALTUNG

Heinrich-Heine-Str. 7 | 18609 Ostseebad Binz | Tel. 038393 14 81 48 | www.ostseebad-binz.de

ZIEL IN DER UMGEBUNG

BERGEN (132–133 C–D4) (*🕮 N3*)

Die Inselhauptstadt (17 km westlich)! Hier gibt es nicht nur die größte Auswahl an Einkaufs- und Versorgungsmöglichkeiten, sondern auch die *Marienkirche* aus dem 12. Jh., immerhin der älteste Backsteinbau in ganz Mecklenburg-Vorpommern, einen Marktplatz mit Cafés und Restaurants und das kleine, aber liebevoll zusammengestellte *Stadtmuseum Bergen (Mai–Okt. Di–Sa 10–16.30, Nov.–April Di–Fr 10–15, Sa 10–13 Uhr | Eintritt 2 Euro | Billrothstr. 20a | www.stadtmuseum-bergen-auf-ruegen.de)*. Bergen heißt nicht ohne Grund so – beste Voraussetzungen für eine *Inselrodelbahn (Nov.–März 13 Uhr bis zur Dunkelheit, März–Okt. 10–18, Juli, Aug. bis 19 Uhr | 2 Euro/Fahrt | www.inselrodelbahn-bergen.de)*. Die liegt auf dem 92 m hohen Berg Rugard und ist das ganze Jahr über geöffnet. Sollten Sie also Schnee vermissen, können Sie hier „auf Schiene" rodeln.

INSEL HIDDENSEE

(132 A–B 2–3) (*M1–2*) **„Man braucht nur eine Insel!", dichtete die Lyrikerin Mascha Kaléko, und wenn man Hiddensee kennt, gibt man ihr recht.**

Immer wieder bleibt man überwältigt stehen, egal ob in der sandigen Dünenheide, oben auf dem Hügelland Dornbusch, oder beim Abstieg, wenn man ganz *Hiddensee* (1000 Ew.) vor sich liegen sieht. Der – nennen wir ihn mal – INSIDER TIPP „Titanic-Blick" toppt alles: Der Aussichtspunkt ist wie ein Ausrufezeichen. Um ihn zu finden, muss man auf den Dornbusch steigen. An der Westseite gibt es viele Kliffvorsprünge, Hucken genannt. Einer ragt besonders prominent zum Meer hinaus. Ein sandiger Pfad zwischen Weißdorn und Besenginster. Und plötzlich steht man – wie am Bug der Titanic – weit über Meer und Schaumkronen. Und jetzt Arme ausbreiten! Übrigens, die Insel mit den Orten Vitte, Kloster und Neuendorf ist komplett autofrei. Wenn man fahren will, dann geht das nur mit dem Rad oder in der Pferdekutsche.

SEHENSWERTES

LEUCHTTURM DORNBUSCH ★

Ganz oben, 95 m über dem Meer, haben Sie gute Chancen, bis zu den Kreideklippen auf der dänischen Insel Møn zu schauen. *Mai–Okt. tgl. 10–16 Uhr | Eintritt 3 Euro | short.travel/omv15*

ESSEN & TRINKEN

ZUM KLAUSNER

Das Lokal liegt hoch oben auf dem Dornbusch. Deswegen und weil es eine

MARCO POLO HIGHLIGHTS

★ **Kreideküste**
Weiße Klippen und betörende Ausblicke → S. 77

★ **Ozeaneum**
Einblicke in komplexe Unterwasserlebenswelten → S. 80

★ **Leuchtturm Dornbusch**
Weiter Blick über Land und Meer → S. 71

★ **Kap Arkona**
Drei Aussichtstürme und ein slawischer Burgwall → S. 77

★ **Biosphärenreservat Südost-Rügen**
Die schönsten Berge Norddeutschlands → S. 74

★ **Altstadt Stralsund**
Eine City wie eine mittelalterliche Filmkulisse → S. 79

Hauptrolle im Hiddensee-Roman *„Kruso"* (s. S. 52) spielt, hier anhalten und Pause machen. *Tgl. | Im Dornbuschwald 1 | Kloster | Tel. 038300 66 10 | www.klausner-hiddensee.de |* €€

ÜBERNACHTEN

Hiddenseezimmer (Tel. 038300 6 03 04 | www.hiddenseezimmer.de) und *Hiddenseeservice (Tel. 038300 6 08 60 | www. hiddenseeservice.de)* suchen Ihnen eine passende Unterkunft und holen Sie fast immer mit einem Gepäckkarren vom Anleger ab.

Muße und Erkenntnis finden Sie in der Goor zwischen Birken, Rotbuchen und Stieleichen

EINKAUFEN

FISCHBARKASSE WILLI

Bei Fischer Hubert Thürke gibt es Heringe direkt von seinem Kutter im Hafen von Kloster. Ein bisschen Glückssache, denn die Öffnungszeiten sind nur Richtwerte. *Sommer ca. 10–18 Uhr*

AM ABEND

Für Freunde des Sonnenuntergangs: Der komplette *Hiddenseer Weststrand* hat einen unverbauten Blick nach Westen. Einfach sitzen bleiben, und wenn die Sonne ins Meer geplumpst ist, sehen Sie zu, wie der Lichtkegel des Leuchtfeuers über Strand und Wasser wandert – schön!

AUSKUNFT

INSEL-INFORMATION

Achtern Diek 18a | 18565 Vitte | Tel. 038300 60 86 85 | www.seebad-hiddensee.de

ZIEL IN DER UMGEBUNG

SCHILLINGS GASTHOF

(132 B2) *(M2)*

Auf dem Weg von Rügen nach Hiddensee kommen Sie am Gasthof von Mathias Schilling vorbei – und sollten dort einkehren. Das hier servierte Rind- und Lammfleisch stammt von Tieren, die auf der kleinen, vorgelagerten Insel Öhe weiden durften. *Tgl. | Hafenweg 45 | Schaprode | Tel. 038309 12 16 | www.schillings-gasthof.de |* €€

LAUTERBACH

(133 D4) *(🕮 O3)* **Lauterbach ist ein kleiner Ort (500 Ew.) in Südostrügen, eine Art Hinterzimmer der Insel.**

Wie das mit Hinterzimmern so ist, wird die Gegend gern mal übersehen. Dabei kreuzen im Hafen Segeljollen und -yachten, drum herum gibt es eine wunderschöne, an vielen Stellen halbwilde Boddenküste mit Steilklippen und versteckten Stränden. Die *Goor*, das Waldgebiet nördlich von Lauterbach, ist grandios im Frühling, wenn unter hellgrünem Laub weiße Buschwindröschen blühen. Hier stehen Rotbuchen und Eichen, u. a. eine gespenstisch wirkende, blattlose, 600 Jahre alte Schirmeiche.

ESSEN & TRINKEN/ ÜBERNACHTEN

BADEHAUS GOOR

Fürst Malte hatte Lauterbach als Badeort auserkoren, sein ehemaliges Badehaus ist heute ein Hotel mit Restaurant *(tgl. | €€€)* und Spa, direkt an Wald und Wasser – die Lage ist immer noch so fürstlich wie vor fast 200 Jahren. *80 Zi. | Fürst-Malte-Allee 1 | Tel. 038301 8 82 60 | www.hotel-badehaus-goor.de |* €€–€€€

IM JAICH WASSERFERIENWELT

In der Wasserferienwelt können Sie ein schwimmendes Haus mieten und haben aus jedem Fenster Wasserblick. Die insgesamt 22 Ferienhäuser liegen zwar auf dem Wasser, sind aber trotzdem fest vertäut. Zur Anlage gehört auch das Restaurant *Kormoran (tgl. | Tel. 038301 8 09 20 | €€). Am Yachthafen 1 | Tel. 038301 80 90 | www.im-jaich.de |* €€€

FREIZEIT & SPORT

PFAD DER MUSSE UND ERKENNTNIS

Nicht nur ein paar Infoschilder am Wegrand, sondern ein liebevoll gepflegter Pfad in der Goor mit 19 Stationen. Diese regen an, zu riechen, zu lauschen und genau hinzusehen – am besten bei einer Wanderung mit Steffi Deickert *(15 Euro/ 3 Std. | mobil 0162 1 07 53 74 | www.natur-beruehrt.de)*. Wer lieber allein unterwegs ist, kann sich die Broschüre zum Pfad im *Badehaus Goor* abholen.

SEGELN

Die *Segelschule Im Jaich (205 Euro/ 12 Std. | Tel. 038301 8 09 40 | short.travel/omv16)* bringt Ihnen die Grundlagen des Segelns bei. Wer von Seefahrt träumt, sollte mit Nele und Till fahren. Die betreiben die Pommersche Jagtquatze INSIDER TIPP *Ernestine (Mai–Sept. | 45 Euro/3–4 Std. | mobil 01575 4 55 90 82 | www.ernestine-segeln.de)* als Familienunternehmen und lassen Sie bei Tagestörns für Segelneulinge einen halben Tag Teil der Crew sein. Sie dürfen die roten Segel setzen und ans Ruder, aber auch an Deck liegen und Robben gucken.

ZIELE IN DER UMGEBUNG

INSEL VILM (133 D5) *(🕮 O3)*

Betreten (eigentlich) verboten! Die Natur auf Vilm (20 km südöstlich) ist geschützt und darf nicht betreten werden. Einzige Ausnahme: eine geführte Wanderung, die man aus zwei Gründen unbedingt mitmachen muss: 1. Kopfkino vor den Fenstern von Erich Honeckers ehemaligem Ferienhaus. 2. Herzklopfen, wenn man zwischen uralten Buchenstämmen plötzlich auf das blaue Wasser schaut. *Im Sommer zweimal tgl., Anmeldung mind. einen Tag im Voraus | 18 Euro/4 Std. | Tel. 038301 6 18 96 | www.vilmexkursion.de*

ZUDAR (132 C5–6) *(N4)*
Die meisten Besucher lassen den Zudar, die Halbinsel ganz im Süden von Rügen, einfach links liegen. Dabei verpassen sie mindestens den Strand INSIDERTIPP *Palmer Ort* (24 km südwestlich). Keine Strandkörbe, kein Eis, kein Kommerz. Aber: wilder Strand, wilde Dünen und Kieferngebüsch. Und Baden im Ausgang des Strelasunds.

MÖNCHGUT

(133 E5) *(O–P3)* **Auf der Halbinsel liegt das ★ Biosphärenreservat Südost-Rügen mit den wahrscheinlich schönsten Bergen Norddeutschlands: den INSIDERTIPP *Zicker Bergen.***
Wenn man es zwischen Schafherden den Berg hinaufgeschafft hat, gibt es die Belohnung: den Panoramablick über Bodden und Ostsee – und die Rohrdachhäuser von Groß Zicker, die sich als vorpommersche Reinkarnation von Hobbingen an den Fuß der Hügel kauern.

SEHENSWERTES

PFARRWITWENHAUS
Mindestens den Blumengarten des Pfarrwitwenhauses in Groß Zicker müssen Sie sehen. Das niederdeutsche Hallenhaus von 1719 kann aber auch von innen besichtigt werden, inklusive wechselnder Kunstausstellungen. Vorsicht: Kopf einziehen! *Juni–Sept. Mo–Fr 10–17, Sa, So 13–17, Juli, Aug. bis 18 Uhr, sonst eingeschränkt | Eintritt 2 Euro | Boddenstr. 25 | Groß Zicker | short.travel/omv17*

ESSEN & TRINKEN/ EINKAUFEN

FISCHRÄUCHEREI DUMRATH
Fisch gibt's am leckersten in diesem Imbiss und Laden, der etwa zur Hälfte den Fang von Mönchguter Fischern verkauft. Vater Dumrath fischt, der Schwiegersohn räuchert, Mutter und Tochter verkaufen. *In der Saison tgl. | Boddenstr. 25 | Groß Zicker | Tel. 038308 3 00 04 | €*

ÜBERNACHTEN

CAMPINGPLATZ AM BODDEN
Retrocamping in Gager. Der Platz inklusive Laden und Imbiss ist seit Jahrzehnten kaum verändert. Kontakt zu Langzeit- und Dauerurlaubern garantiert und nur fünf Gehminuten zu den Zicker Bergen, fünf Fahrradminuten zum (Ostsee-) Strand. *Zum Höft | Tel. 038308 3 01 99 | www.campingplatz-ruegen.de | €*

AUSKUNFT

KURVERWALTUNG
Zum Höft 15a | 18586 Gager | Tel. 038308 82 10 | www.mein-moenchgut.de

PUTBUS

(133 D4) *(N–O3)* **„Dream big" war vermutlich der Leitspruch von Fürst Malte zu Putbus. Um nicht hinter anderen Adeligen zurückzustehen, errichtete er 8 km südlich von Bergen eine Reihe von klassizistischen Prachtbauten, die mit der umliegenden Stadt (4300 Ew.), dem Park und der Landschaft ein Gesamtkunstwerk bilden.**
Ziemlich imposant sind *Fürstenhaus* und *Circus*. Im *Schlosspark* finden Spaziergänger unter exotischen Bäumen Schatten – und im Mai INSIDERTIPP Bärlauch.

SEHENSWERTES

ORANGERIE

Wo früher Zitrusfrüchte gezüchtet wurden, schlendern Sie jetzt durch wechselnde Kunstausstellungen. *Di–So 11–18 Uhr | Eintritt variiert je nach Ausstellung | Alleestr. 35*

ESSEN & TRINKEN

ROSENCAFÉ

Von der ☼ Terrasse haben Sie einen schönen Blick in den Rosengarten des Schlossparks. Dazu gibt's eine große Auswahl an Kuchen und Torten. Gebacken wird nach regionalen, aber auch internationalen Rezepten. *Tgl. | Bahnhofstr. 1 | www.rosencafe-putbus.de*

AM ABEND

THEATER PUTBUS

Das Theater ist schon allein wegen der Atmosphäre einen Besuch wert, denn der Saal gehört zu Fürst Maltes Architekturkomposition. Und es wird immer noch bespielt: Das Ensemble des Theaters Vorpommern kommt aus Greifswald und Stralsund mit Musiktheater, Schauspiel und Ballett das ganze Jahr über nach Rügen. *Markt 13 | Tel. 038301 80 83 30 | short.travel/omv18*

ÜBERNACHTEN

GUTSHAUS KETELSHAGEN

Im Gutshaus und einem Nebengebäude sind elf gemütlich eingerichtete Ferienwohnungen eingebaut. Draußen ist viel Platz – und das Biosphärenreservat. *Ketelshagen 4 | Tel. 038301 8 83 00 | www.ruegen-gutshaus.de | €€*

AUSKUNFT

TOURISTEN-INFORMATION

Alleestr. 2 | in der Orangerie | 18581 Putbus | Tel. 038301 66 39 99 | www.ruegen-putbus.de

Auf der Halbinsel Mönchgut gibt es sie noch: blühende Kornfelder

ZIELE IN DER UMGEBUNG

MUSEUMSHOF PUDDEMIN

(132 C5) *(N3)*

Als Regina und Wolfgang Zeitz das erste Mal nach Puddemin (15 km südwestlich) kamen, verloren sie ihr Herz an den Ort und schufen so etwas wie ein kleines Freilichtmuseum, indem sie drei Häuser aus dem 17., 18. und 19. Jh. ökologisch und denkmalgerecht sanierten. Regina Zeitz vermietet drei Ferienwohnungen *(€–€€)* und organisiert den *Puddeminer Märchensommer*. Einen Hauch von Märchenzauber spürt man auch, wenn man von der Terrasse des *Cafés Friedrich (Mai–Sept. Do–Di, Okt.–April Do–So)* auf Hafen und Sund schaut. *Puddemin 10 | mobil 01577 1571933 | ruegen.reise*

RAMBIN (132 B4) *(M3)*

Ein paar Häuser des Orts (21 km westlich) sind mit Rohr gedeckt, ein ehemaliges Kloster aus dem 14. Jh. verfällt langsam. Das *Heimatmuseum (Mo–Fr 9–15 Uhr | Eintritt frei | www.heimatverein-rambin.jimdo.com)* lädt einmal im Monat zu „Backofengesprächen" mit wechselnden Themen, während unter einer alten Buche Brot und Kuchen im Ofen backen. Rambin ist Heimat von Deutschlands bester Brauerei, der *Rügener Insel-Brauerei (So geschl. | Hauptstr. 2c | Tel. 038306 238700 | www.insel-brauerei.de)*, jedenfalls laut den 2016 in London ausgetragenen World Beer Awards. Im Lagerverkauf können Sie sich durch die Biersorten trinken, nachdem Sie die Brauerei besichtigt haben – nach Voranmeldung auch mit einem Mitglied des Teams.

LOW BUDG€T

Eine Happy Hour gibt es im Stralsunder *Hansedom-Schwimmbad (tgl. 9.30–21 Uhr | Grünhufer Bogen 18–20 | www.hansedom.de)*. Ab 17 Uhr zahlen Sie statt 15 Euro nur 10 Euro.

Nichts kostet der Besuch des *Nationalparkhauses (April–Okt. tgl. 10–16, Jan.–März tgl. 13–16, Nov., Dez. So–Fr 10–15 Uhr | Norderende 2)* in Vitte und des *Küstenlehrpfads*.

SASSNITZ

(133 E2–3) *(O2)* **Im Hafen von *Sassnitz* (9500 Ew.) lag mal die größte Fischereiflotte der DDR. Heute ist das Städtchen auf Identitätssuche. Ausflugsort? Hafenstadt?**

Im Hafen mit langer Mole und grün-weiß gestreiftem Leuchtturm, Fischern und Fähren, Museen und Scharen von Touristen fühlt man sich im Sommer, als wäre man direkt in eines von Ali Mitgutschs berühmten Wimmelbüchern gefallen. Aber nichts geht über Kreidefelsen und Nationalpark, die gleich hinter Sassnitz' letzten Häusern beginnen.

ESSEN & TRINKEN

OSTERIA LA TORRE

Winziges Lokal mit supernetter Bedienung und Essen, bei dem man sieht und schmeckt, dass es frisch eingekauft, gekocht und angerichtet wird. Auf jeden Fall reservieren! *Tgl. | Hafenstr. 12 | Tel. 038392 389620 | €€*

ÜBERNACHTEN

ALTES E-WERK

Bunt zusammengewürfelte Möbel und Besucher. Eine Art Jugendherberge am Rand des Buchenwalds, die wenig Komfort bietet, aber ein guter Ausgangsort für Wanderungen im Nationalpark ist. *44 Betten | Stubbenkammerstr. 44 | Tel. 038392 6 77 49 | short.travel/omv5 | €*

Der Königsstuhl ist nur eine von vielen strahlend weißen Kreideklippen

AUSKUNFT

TOURIST SERVICE SASSNITZ

Strandpromenade 12 | 18546 Sassnitz | Tel. 038392 64 90 | www.insassnitz.de

ZIELE IN DER UMGEBUNG

KAP ARKONA ★ (133 D1) (🗺 N1)

Umsegelt man die Insel von Westen kommend, ist Kap Arkona (45 km nordwestlich) die erste steilklippige Landmarke. Einen Peilturm und zwei Leuchttürme kann man besteigen. Im *alten Leuchtturm (Eintritt 2 Euro)*, von Karl FriedrichSchinkel erbaut, ziert eine Ausstellung zur Leuchtturm- und Seefahrtsgeschichte das Treppenhaus. Im *Peilturm (Eintritt 3 Euro)* können Sie archäologische Funde sehen. Und der *aktive Turm (Eintritt 3 Euro)* hat auf 28 m die höchste Aussichtsplattform. Schon bei den Slawen galt der Ort als magisch, davon zeugen die Reste der *Jaromarsburg*. Dorthin gibt es archäologische Führungen *(Archäotour Rügen | Termine s. Website | 19 Euro/3 Std. | www.archaeo-tour-ruegen.de)*, auch zum Selber-nach-Funden-Graben. Vielleicht finden Sie eine Pfeilspitze? *Kernöffnungszeit aller Türme tgl. 11–16 Uhr | www.kap-arkona.de*

KREIDEKÜSTE ★ (133 E2) (🗺 O1–2)

Zum *Königsstuhl* und dem *Nationalparkzentrum (Ostern–Okt. tgl. 9–19, Nov.–Ostern 10–17 Uhr | Eintritt 8,50 Euro | www.koenigsstuhl.com)* läuft man 7 km nördlich auf dem *Hochuferweg* durch den Nationalpark. Blickt auf die weiß leuchtenden Felsen, das Meer, auf umgestürzte Baumriesen und Möwen. Am schönsten ist die Wanderung im Frühjahr, wenn das Grün noch zart ist, oder im Herbst bei buntem Laub. Abstiege zum Strand, auch zum Fossiliensuchen, sind immer wieder möglich.

LIETZOW (133 D3) *(🕮 O2)*
Auf der kleinen Landzunge zwischen dem Großen und Kleinen Jasmunder Bodden liegt Lietzow (11 km südwestlich). Hier schlüpfen Sie in die Wanderschuhe, um sich den aussichtsreichen *Bodden-Panoramaweg* vorzunehmen. Der ist 24 km lang, aber ein Teilstück tut's auch. Oder Sie leihen bei der *Wassersportschule Timpeltu (15 Euro/1 Std. | Strandpromenade | mobil 0173 1513970 | www.timpeltu.com)* ein Kajak; die Bodden sind perfekt für Paddelanfänger. Bei Tagesausleihe lohnt eine Reservierung. Wenn Sie eine Stärkung brauchen: Probieren Sie die Fische der *Traditionsräucherei Lietzow (Spitzer Ort 7 | www.traditionsraeucherei.de)*, die wie eh und je in einem rauchgeschwärzten Ofen auf Buchenholz geräuchert werden.

LOHME (133 E2) *(🕮 O1)*
Der Ort 11 km nördlich, auf der anderen Seite des Nationalparks, hat sich dem nachhaltigen Tourismus verschrieben. Keine Bettenburgen, sondern Zimmer für Einzelreisende, die sich für Natur und Umwelt interessieren. Schön ist es am Yachthafen mit INSIDER TIPP Feuerstelle und Picknickplatz, zu dem eine lange Treppe führt. Aktuell der größte Streit im Ort: Der Bürgermeister will ein Wellnesshotel mit 500 Betten nach Lohme holen. Und viele seiner Bürger fürchten um Ruhe und Stammgäste. Die sitzen u. a. abends auf der Terrasse des Hotels *Am Ostseegarten (An der Steilküste 16 | Tel. 038302 9100 | www.ostseegarten.chayns.net | €€)*, trinken selbst mitgebrachten Wein und sehen der Sonne beim Untergehen über dem Kap Arkona zu.

SELLIN

(133 E4) *(🕮 O3)* **Auf der einen Seite der Selliner See, auf der anderen die**

Wenn Sie die blaue Stunde auf der Selliner Seebrücke genießen, entgeht Ihnen leider dieser Blick

Ostsee: Sellin (2600 Ew.) liegt inmitten von Naturräumen, schnell ist man im Granitzer Wald oder auf dem Mönchgut. Sellin ist chic, aber doch eine Spur lässiger, als das 12 km nördlichere Binz. Die Wilhelmstraße, Sellins Promenade, verläuft nicht parallel zum Strand, sondern führt darauf zu. Und schließlich müssen Sie einen Lift oder die „Himmelsleiter", die Treppe, nehmen, um vom Hochufer abzusteigen.

SEHENSWERTES/ ESSEN & TRINKEN

SEEBRÜCKE

Kein anderer Ort auf Rügen hat eine bebaute Seebrücke. Und auf dieser können Sie im prunkvollen Brückengebäude sogar essen gehen: Fisch, Fleisch und Vegetarisches, Kaffee und Kuchen. *Tgl. | Tel. 038303 92 96 00 | www.seebrueckesellin.de | €€€*

FREIZEIT & SPORT

AHOI RÜGEN

Ab ins (warme) Wasser: Wenn's draußen ungemütlich ist, ist das Schwimmbad die Alternative. Für Schwimmen und Planschen, Leuchtturmsauna, Kreidebad und U-Boot-Tepidarium opfert man aber auch gern einen Sonnentag. *Karfreitag–Okt. tgl. 10–22, Nov.–Gründonnerstag 14–21 Uhr | Eintritt ab 10 Euro | Badstr. 1 | www.ahoi-ruegen.com*

ÜBERNACHTEN

KURHAUS SELLIN

Wenn schon mondäner Urlaub, dann richtig. Das Kurhotel an der Seebrücke hat 96 Zimmer und Suiten und bietet allen möglichen Luxus, z. B. eine Kopfkissenauswahl. *Wilhemstr. 27 | Tel. 038303 124 77 | short.travel/omv39 | €€€*

AUSKUNFT

KURVERWALTUNG

Warmbadstr. 4 | 18586 Ostseebad Sellin | Tel. 038303 160 | www.ostseebad-sellin.de

ZIELE IN DER UMGEBUNG

BAABE (133 E4) (*🗺 O–P 3*)

Baabe ist die kleine Schwester von Sellin, 3 km südöstlich, auf der Grenze zum Mönchgut. Perfekt für Ausflüge ins Biosphärenreservat oder an den Bodden. In der *Casa Atlantis (ab 80 Euro/Tag | Strandstr. 5 | Tel. 038303 95 55 65 | www.kitesurfen-rügen.de)* können Sie hinfallen, aufstehen, hinfallen, aufstehen – und dabei surfen, kiten oder SUP lernen.

GÖHREN (133 E4) (*🗺 P3*)

In der Seebad-Perlenreihe kommt Göhren (5 km östlich) nach Binz, Sellin und Baabe – geografisch – zum Schluss. Gehen Sie noch ein Stück nach Osten, erst mal auf Göhrens Promenade, an der Seebrücke vorbei. Dann aus dem Ort raus, bis zum *Nordperd*, der östlichsten Spitze von Rügen, die weit in die Ostsee ragt. Im *Strandhaus 1 (14 Zi. | Nordstrand 1 | Tel. 038308 2 50 97 | www.strandhaus1.de | €€)* schlafen Sie mit Meeresrauschen ein – nach dem Gang in die Strandsauna und dem Abendessen unten in der Kneipe, oft mit Livemusik.

STRALSUND

KARTE IM HINTEREN UMSCHLAG (131 E2–3) (*🗺 M3*) **Historisches Pflaster betreten Sie in Stralsund (57 300 Ew.). Große Teile der ★ Altstadt haben Unesco-Weltkulturerbestatus, hier steht ein prächtiges mittelalterliches Haus neben dem anderen.**

Stralsund war im 14. Jh. nach Lübeck die bedeutendste Stadt der Hanse. Das sieht man an der Höhe der Kirchtürme, den Fassaden der Bürgerhäuser und vor allem am Stralsunder Rathaus, dem bedeutendsten weltlichen Bau im ganzen Ostseeraum. Dass die Kaufleute der Stadt so viel Prunk in ein Gebäude steckten, das – anders als Kirchen – nicht sakralen Zwecken, sondern ihrer gemeinsamen Vertretung dienen sollte, sagt was über ihr Ego, aber auch ihre Bedeutung.

SEHENSWERTES

DEUTSCHES MEERESMUSEUM

Nicht so berühmt wie das Ozeaneum, aber genauso sehenswert. Hier schwimmen Wasserschildkröten, Riesenrochen und bunte Fische. Empfehlenswert, gerade weil ein bisschen angestaubt, ist die Ausstellung über die DDR-Fischerei. Im Panorama-Aquariumscafé können Kinder Tierarzt spielen. *April–Okt. tgl. 10–17 Uhr, Nov.–März Mo geschl. | Eintritt 10 Euro | Katharinenberg 14–20 | www.meeresmuseum.de*

OZEANEUM ★

In der Ausstellung „Riesen der Meere" liegt man bei Unterwasserbeleuchtung und Walgesängen auf einer Liege, über sich 1:1-Modelle von Walen an der Decke. Wow, sind die groß! Und bedroht. Lebende Meerestiere, Fische und Pflanzen aus nordeuropäischen und atlantischen Meeren sieht man in den anderen Ausstellungen und Aquarien, auf dem Dach sogar Pinguine. *Juni–Sept. tgl. 9.30–20, Okt.–Mai 9.30–18 Uhr | Eintritt 17 Euro | Hafenstr. 11 | www.ozeaneum.de*

INSIDER TIPP SPIELKARTEN-FABRIK

Hier riecht's nach Druckerschwärze. In der noch produzierenden Fabrik im Speicher am Katharinenberg dürfen Sie selbst an alten Offsetdruckmaschinen drucken, Motive entwerfen – oder Spiele einkaufen. *Führungen Mo–Fr 11.30 und 15–19 Uhr | Eintritt 10 Euro | Katharinenberg 35 | www.spiefa.de*

ESSEN & TRINKEN

ESSBAR

Die Essbar bietet eine kleine Auswahl an Fladenbroten, Fisch, Pasta und Antipasti, dafür frisch und selbst zubereitet. Besonders gut: der INSIDER TIPP Überraschungs-Vorspeisenteller. *Tgl. | Kleinschmiedstr. 22 | Tel. 03831 298176 | www.essbarstralsund.de |* €€

DER FISCHBRÖTCHENKRIEG

Matjes, Lachs oder Backfisch? Fischbrötchen sind in Stralsund ein mehr als einträgliches Geschäft. Um für eine gesunde Konkurrenz zwischen den Verkäufern auf den Hafenkuttern zu sorgen, wollte Vize-Oberbürgermeister Heinz-Dieter Hartlieb 2012 mehr Verkaufslizenzen vergeben. Und zettelte damit den „Fischbrötchenkrieg" an. Er wurde verprügelt, vor seinem Amt fand sich eine Bombenattrappe. Später brannte ein Auto und der Kutter eines Fischbrötchenhändlers. Auch wenn zwei Männer seit 2015 Haftstrafen verbüßen – so ganz aufgeklärt ist der Fall nicht. Der Kauf eines Fischbrötchens im Hafen hat seither ein bisschen von seiner Unschuld verloren.

Perspektivenwechsel im Ozeaneum: Die Walmodelle können Sie auch von unten bestaunen

KAFFEE MONOPOL

Das Szenecafé verkauft lokal gerösteten und zum Teil fairen Kaffee. Anhalten und im Mini-Ausschankraum kurz verschnaufen. *Mo–Fr 10–18, Sa 10–14 Uhr | Mühlenstr. 55 | www.kaffee-monopol.de*

EINKAUFEN

KERAMIK UND BUCH

„Nur Schiffe und Hunde müssen draußen bleiben", sagt Frank-Peter Reichel und zeigt Besuchern gern besondere Bücher und seine phantasievolle Keramik. Dazu gibt's Kaffee! *Fährstr. 27 27 | www.rednuslarts.jimdo.com*

FREIZEIT & SPORT

HANSEDOM

Badeparadies und Entspannungsoase. Zur Therme gehört eine große orientalische Saunalandschaft mit Hamam, heißen, nicht ganz so heißen und Dampfsaunen. *Tgl. 9.30–21 Uhr | Sauna ab 15 Euro | Grünhufer Bogen 18–20 | www.hansedom.de*

ÜBERNACHTEN

HOTEL AMBER

Mitten im Leben! Das Hotel liegt direkt am Hafen, die bernsteinfarbenen Zimmer sind gemütlich, und draußen auf dem Kopfsteinpflaster wartet die Stadt. *12 Zi. | Heilgeiststr. 50 | Tel. 03831 28 25 80 | www.hotelamber.de | €€*

HOSTEL STRALSUND

Rucksäcke, Gewusel, spätabendliche Zusammenkünfte: Hier herrscht typische Backpackeratmosphäre. *15 Zi. | Reiferbahn 11 | Tel. 03831 28 47 40 | www.hostel-stralsund.com | €–€€*

AUSKUNFT

STRALSUND-INFORMATION

Alter Markt 9 | 18439 Stralsund | Tel. 03831 2 46 90 | www.stralsundtourismus.de

USEDOM, GREIFSWALD, LASSANER WINKEL

Usedom ist wie eine Schichttorte. Erst das Meer. Dann Strand (insgesamt 42 km!) und Seebäder. Dann das Hinterland. Und zuletzt das Achterwasser.

In Usedoms Osten wartet das Ausland, nach Swinemünde ist es von Ahlbeck aus genauso weit wie nach Bansin. Im 19. Jh. kam der Bädertourismus voll in Fahrt, seither heißt Usedom auch „Badewanne der Berliner". Und die Beliebtheit der Insel nimmt noch zu: Jedes Jahr werden die Staus auf der Küstenstraße ein bisschen länger. Steigen Sie deshalb auf die Usedomer Bäderbahn und das Fahrrad um. Leerer ist es im Hinterland, aber auch rund um die Hansestadt Greifswald und im Lassaner Winkel.

Über die Insel Usedom informiert Sie auch der MARCO POLO Band „Usedom".

AHLBECK

(135 F3) (🕮 R6) **Bis zum Ende des 19. Jhs. lebten nur ein paar Fischer am der Ausgang der Beek und fischten Aale. Dann kam der Badetourismus. Und ruck, zuck war Ahlbeck (3113 Ew.), das Seebad, geboren.**

Mit dem Kaiserbäder-Dreiklang aus Bäderarchitektur, Strandpromenade und Seebrücke. Für Letztere ist Ahlbeck bekannt – und für die Nähe zur Grenze.

SEHENSWERTES

SEEBRÜCKE ★

Seit dem Showdown des Loriot-Films „Pappa ante Portas" kennt sie jeder. Die

Kultur und Studentenleben in Greifswald, viel Natur im Lassaner Winkel und lange Strände auf Usedom

Seebrücke ist von 1899 und somit die älteste Deutschlands. Rund um die Jugendstiluhr von 1911 ist das Revier des „Goldmanns". Verkleidet und geschminkt verschenkt er Süßigkeiten (gern gegen Spende) und wirft mit Luftküssen.

ESSEN & TRINKEN

BÄCKEREI BLUNCK
Authentisch statt glatt: Die Bäckerei (mit Sitzplätzen) ist eine Alternative zu den vollen Cafés in Strandnähe. Thomas Wucke führt sie in fünfter Generation und verkauft Brot und Kuchen, die keine Industrieware sind. *Tgl. | Schulzenstr. 21*

FREIZEIT & SPORT

INSIDER TIPP USEDOM-NATUR-SAFARI
Florian Schröder nimmt Sie in seinem Land-Rover mit auf eine Safari ins Hinterland, lädt Sie zum Picknick ein und dazu, Neues über Natur und Land, vielleicht auch über sich selbst zu lernen. Ein bisschen wie ein Besuch bei einem gu-

Zwischendurch mal schnell ins Wasser – baden geht in Ahlbeck natürlich auch

ten Freund, der Ihnen seine Lieblingsorte zeigt. Die liegen weitab der Wege – ohne ihn würden Sie die nicht finden. *Individuelle Touren nach Absprache | ab 97 Euro/Tag | mobil 0176 56949272 | www.unternehmen-natur.de*

ÜBERNACHTEN

DAS AHLBECK – HOTEL & SPA

In diesem Hotel wohnen Sie schick und direkt an Strand und Promenade – und das Wellnessangebot ist wirklich umfangreich. *50 Zi. | Dünenstr. 48 | Tel. 038378 49940 | www.das-ahlbeck.de |* €€€

HAUS RICARDA & VILLA ERNST

Familie Prüfer hat ein Herz für alte Häuser. Die gut erhaltene Villa Ernst beispielsweise – um 1840 gebaut und mit wunderschöner, etwas windschiefer Holzveranda – ist das älteste Haus in der Straße. *9 Whg. | Seestr. 4/5 | mobil 0172 3931212 |* €–€€

AUSKUNFT

TOURISTINFORMATION

Dünenstr. 45 | 17419 Seebad Ahlbeck | Tel. 038378 499350 | www.usedom.de | www.drei-kaiserbaeder.de

ZIELE IN DER UMGEBUNG

ŚWINOUJŚCIE/SWINEMÜNDE

(135 F4) *(🕮 R6)*

Hallo, Polen! Świnoujście (6 km östlich) heißt die Stadt am Ausgang der Swine korrekt, und wer schon bis nach Usedom gekommen ist, hat keinen Grund, nicht mal rüberzufahren: Die Stadt ist der größte Ort auf Usedom und hat Ähnlichkeit mit Warnemünde. Ein Badeort, der gleichzeitig Fähr- und Handelshafen ist und sogar eine Werft hat.

220 Stufen hoch, vom ☀ Turm der ehemaligen *Martin-Luther-Kirche (tgl. 10–20 Uhr | Eintritt 2,50 Euro | ul. Paderowskiego 7)* schauen Sie weit über die Stadt. *El Papa Hemingway (tgl. | Bohaterów*

Wrzesnia 69) ist ein gemütliches Café, in dem Sie Beerenkuchen oder -torte bestellen sollten. Traditionelle polnische Küche, fleisch- und fischlastig, häufig auf deutschsprachigen Speisekarten, bekommen Sie in vielen Läden der Stadt. Besonders ist die *Vegebar (tgl. | Bohaterów Wrzesnia 50/4 | Tel. +48 795 85 05 65 | €)*. Evka, die Besitzerin, serviert internationale vegane Küche. Tortillas, Burger und Brownies, aber auch klassische polnische Piroggen. In die alten Villen im Kurviertel kommen vor allem Wellness- und Gesundheitsreisende. Das Konzept der 2012 gebauten und modern eingerichteten Pension *Familia (33 Zi. | ul. Sienkiewicza 29 | kein Tel. | polnischeostsee.de/familia | €€)* ist dagegen sehr familienfreundlich. Die *Touristinformation (Tel. +48 913 22 49 99 | www.usedom.de)* finden Sie am Plac Słowiański 6/1.

WOLGASTSEE (135 F4) *(🕮 R6)*

Der Küste hier mal den Rücken zuzudrehen lohnt sich: Der Wolgastsee (3 km südlich) hat viele kleine, sandige Badebuchten, seine Ufer sind mit Erlen und Buchen bewachsen. Ein Spazierweg (ca. 4 km) führt rundherum. Im Westen liegt *Korswandt* mit Imbiss, Café, Restaurant, Bootsverleih und Badestrand.

BANSIN

(135 F3) *(🕮 Q6)* **In Bansin (1042 Ew.), dem kleinsten der Kaiserbäder, beginnt die 12 km lange ★ Strandpromenade, die sich über Heringsdorf und Ahlbeck bis nach Swinemünde zieht – sie ist die längste in Europa.**

An der Promenade stehen weiße Villen mit Balkonen und Veranden, verspielte Versionen von gründerzeitlichen Stadthäusern. In Richtung Ückeritz wächst der Wald bis an die Dünen.

ESSEN & TRINKEN

INSIDER TIPP FORSTHAUS FANGEL

Das Forsthaus ist ein Kleinod, ein Café mitten im Wald bei Neu-Sallenthin. Sie sitzen auf der Terrasse oder auf einer Holzveranda mit weißen Deckchen, Kännchen Kaffee mit Sahne und Zucker – so wie früher. *Mo geschl.*

FREIZEIT & SPORT

KREBSSEEN

Wenn Sie von Strand, Promenade und Seebadvergnügungen genug haben, leihen Sie sich Räder und fahren zu den Krebsseen zwischen bewaldeten Hügeln. Auf dem Sieben-Seen-Berg steigen Sie auf den Hochsitz an der Bergmühlen-

MARCO POLO HIGHLIGHTS

★ Seebrücke Ahlbeck
Deutschlands älteste, berühmt seit Loriots „Pappa Ante Portas" → S. 82

★ Klosterruine Eldena
So hoch, so alt, so geheimnisvoll ... → S. 87

★ Marktplatz Greifswald
Gotische Giebel und viel Leben auf dem Kopfsteinpflaster → S. 87

★ Pommersches Landesmuseum
Goldener Halsreif, edle Robe und – natürlich – Caspar David Friedrich → S. 88

★ Strandpromenade Bansin–Swinemünde
12 km grenzenloses Spazierengehen → S. 85

straße und sehen mit viel guten Willen sieben Gewässer. Doch in jedem Fall ist die Aussicht grandios.

ÜBERNACHTEN

INSIDER TIPP KLEINER WAGEN

Der innen und außen zauberhafte „Wagen" ohne Räder steht auf der Steilküste, 12 km nördlich von Bansin, fast direkt am Meer. Das lang gezogene Häuschen hat Platz für vier Personen und eine Terrasse mit mehreren Sitzplätzen, sodass Sie mit der Sonne „wandern" können. Der Abstieg zum Strand ist gleich nebenan. *Stubbenfelde | Tel. 038378 33 69 90 | short.travel/omv6 | €€€*

ÖKOLOGISCHE FERIENWOHNANLAGE SCHLOONSEE

Sieht aus wie in Schweden: Die 29 Häuser sind holzverschalt. Und ökologisch gedämmt. *Am Schloonsee 1 | Tel. 038378 23 10 | www.usedomer-ferienhaus-vermietung.de | €*

AUSKUNFT

TOURIST-INFORMATION

Haus des Gastes | An der Seebrücke | 17429 Seebad Bansin | Tel. 038378 4 70 50 | www.drei-kaiserbaeder.de

ZIELE IN DER UMGEBUNG

MELLENTHIN (135 E4) (*Q6*)

Wenn die Küste in der Hauptsaison mehr als „packed" ist, weichen Sie ins Binnenland aus. Zum Beispiel nach Mellenthin (14 km südwestlich). Der *Gutshof Insel Usedom (24 Zi. | Dorfstr. 24 | Tel. 038379 2 07 00 | www.gutshof-usedom.de | €€)* ist ein Biohotel und -betrieb, der sein Getreide selbst mahlt und Öle produziert. Falls Sie nichts essen, trinken oder kaufen wollen, schlendern Sie um das *Mellenthiner Schloss* samt Wassergraben. Im Schloss finden Sie ein gutbürgerliches *Restaurant (tgl. | Tel. 038379 2 87 80 | www.wasserschloss-mellenthin.de | €€)*, eine Kaffeerösterei, ein Hotel und eine Sauna. Und dienstags ein INSIDER TIPP mittelalterliches Ritterbuffet.

STRANDCAFÉ UTKIEK

(135 E3) (*Q5*)

Bratkartoffeln und so viele Heringe, wie Sie schaffen. Das gibt's im Utkiek (9 km nordwestlich). Der Rekord liegt bei 19, Normalesser mögen eher zwei bis drei. Drinnen gucken Sie auf DDR-Devotionalien, draußen auf die Ostsee. *Tgl. | Strandstr. 16 | Tel. 038375 2 04 08 | www.utkiek-ueckeritz.de | €€*

GREIFSWALD

KARTE IM HINTEREN UMSCHLAG

(134 A2) (*N5*) **In vielen anderen Gegenden wäre Greifswald (57.000 Ew.) vermutlich einfach eine Kleinstadt.**

In Vorpommern ist sie die größte, hat eine Universität und 11.000 Studenten. Im Sommer liegen massenhaft Segelboote im Museumshafen und der Museumswerft am Fluss Ryck; der Marktplatz und die Lange Straße sind dann voller Menschen. Greifswald ist ein kulturelles Zentrum, „Leuchtturm" nennt die Stadtverwaltung das gerne. Schon von Weitem sieht man die drei Türme, ein Blick auf die Stadt, den Caspar David Friedrich in seinem Bild „Wiesen bei Greifswald" festgehalten hat.

SEHENSWERTES

CASPAR-DAVID-FRIEDRICH-ZENTRUM

In Caspar David Friedrichs (1774–1840) Geburtshaus verfolgen Sie Stationen seines Künstlerlebens und bekommen Einblicke in das Leben im 18. Jh. und den Beruf seines Vaters, eines Kerzenziehers und Seifensieders. Auch in der Praxis: Denn INSIDER TIPP Kerzen ziehen und Seifen gießen dürfen Sie im Rahmen eines Workshops hier selbst. *Juni–Okt. Di–So, Nov.–Mai Di–Sa 11–17 Uhr | Eintritt 3,50 Euro | Lange Str. 57*

DOM SANKT NIKOLAI

Der Dom sieht aus wie ein Haus, das viele Besitzer hatte. Und jeder hat etwas zurückgelassen. Da sind Reste von Malereien und Grabplatten aus dem Mittelalter, die Turmhaube aus der Schwedenzeit, Ausstattungsteile aus dem 19. Jh. Über eine Wendel- und mehrere steile Holztreppen kommt man auf die 60 m hohe Aussichtsplattform und schaut weit über die Stadt, den Ryck und den Bodden. *Mo–Sa 10–18, So 11.30–12.30 u. 15–18 Uhr | Turmbesteigung 3 Euro | Caspar-David-Friedrich-Straße | www.dom-greifswald.de*

KLOSTERRUINE ELDENA ★

Wie aus der Zeit gefallen wirken die Reste des ehemaligen Klosters im Greifswalder Stadtteil Eldena. So hoch, so alt, so geheimnisvoll sind die über 800 Jahre alten Säulen, die Tür- und Fensterbögen aus Backstein. Das fand auch der in Greifswald geborene Romantiker Caspar David Friedrich und machte die Ruine, in der Buchen wachsen, mit seinem Bild weltberühmt. Im Sommer sehen und hören Sie Theatervorstellungen und Konzerte auf der Freilichtbühne. *Jederzeit zugänglich | Eintritt frei*

MARKTPLATZ ★

Einer der schönsten Marktplätze Norddeutschlands: kopfsteingepflastert, genau in der richtigen Größe und eingefasst vom roten *Rathaus* aus dem Jahr 1300 und mittelalterlichen Giebelhäusern. Vor dieser Kulisse bauen dienstags, freitags und samstags die Marktleute ihre Stände auf. Auch der kleinere *Fischmarkt* auf der anderen Seite des Rathauses hat was

Hier ist immer was los: Der Marktplatz ist das Zentrum Greifswalds

zu bieten: Cafés und Restaurants und den *Fischerbrunnen* mit Bronzefiguren.

POMMERSCHES LANDESMUSEUM ★ ●

Werfen Sie nicht nur einen kurzen Blick auf die berühmten Bilder von van Gogh

Im Pommerschen Landesmuseum geht es um Geschichte und Gemälde

und Friedrich. Auch die INSIDER TIPP historischen Ausstellungen sind toll: Eine Hansekogge schaukelt auf den Wellen. Der Mantel des Rektors der Universität, 1619 gewebt, sieht aus, als warte er darauf, angezogen zu werden. Und zu was der 2500 Jahre alte Halsring aus massivem Gold wohl diente? *Mai–Okt. Di–So 10–18, Nov.–April bis 17 Uhr | Eintritt 5 Euro | Rakower Str. 9 | www.pommersches-landesmuseum.de*

WIECK

Der Weg in den Stadtteil Wieck ist kurvenreich – und wunderschön: Am Ryck entlang, vorbei an Apfelbäumen und Graureihern. Das Fischerdorf hat eine berühmte, zigmal restaurierte *Klappbrücke*. Und Fischerhäuser, Restaurants und Cafés.

ESSEN & TRINKEN

HORNFISCHBAR POMERIA

Esst mehr Bratfisch! Das ist das Motto auf dem kleinen Schiff im Museumshafen. Köstlich ist das Tomatendressing zum Salat. Und der (scharfe!) Ofenfeta. *Ostern–Okt. tgl. | im Museumshafen | mobil 0171 172 24 00 | www.hornfischbar.de* | €€

KONTOR EISMANUFAKTUR

Lavendel, Safran-Kardamom, Gurke-Limette heißen die Sorten, deretwegen sich oft eine lange Schlange vor dem Eingang bildet. Wer sich durch die Vielfalt testen möchte: Zwölf Sorten fasst der INSIDER TIPP Minikugelteller. *Tgl. | Markt 12*

AM ABEND

Kino auf Segeln im Museumshafen, finnische Akkordeonmusik und Trash-Theater gibt's, aber nicht immer und auch nicht immer an den gleichen Orten. Darum sollten Sie in den INSIDER TIPP *Kulturkalender (www.kulturkalender.greifswald.de)* schauen, den es auch gedruckt in der Touristinformation gibt.

KONTORKELLER

2000er-Partys, Hip-Hop oder Elektro: Der Club ist am Wochenende eine sichere Bank zum Feiern. *Fr, Sa | Am Markt 12–13*

MUSEUMSHAFEN ●

Place to be ist an Sommerabenden das nördliche Hafenufer. Fischbrötchen und Getränke verkauft der Kutter Tortuga. Hunderte Studenten sitzen auf den Rasenflächen, Grill reiht sich an Grill. Kurz, die ganze Stadt trifft sich hier zu einer kollektiven Sommernachtsparty.

ÜBERNACHTEN

PENSION ANNE

Eine Pension, die keine Zimmer, sondern vier schlichte, aber freundlliche Ferienwohnungen vermietet. Nur ein paar Minuten von Dom, Markt und Hafen entfernt. *Baustr. 9 | Tel. 03834 50 78 94 | www.pension-greifswald.de | €*

UTKIEK

Für das Hotel spricht vor allem der Standort. Nämlich an der äußersten Hafenkante, kurz vor den Leuchtfeuern der Hafeneinfahrt. *12 Zi. | Am Hafen 19 | Tel. 03834 8 33 10 | www.utkiek-greifswald.de | €€*

AUSKUNFT

TOURISTINFORMATION

im Rathaus | Am Markt | 17489 Greifswald | Tel. 03834 52 13 80 | www.greifswald.info

ZIEL IN DER UMGEBUNG

LUBMIN (134 B1) (*🕮 O5*)

Lubmin (20 km östl.) ist ein unterschätztes und deswegen angenehm wenig kommerzialisiertes Seebad. Besonders schön ist der INSIDER TIPP Strand unterhalb des Waldstücks zwischen Ort und Yachthafen. Die vielleicht beste Kiteschule der Region heißt ● *Boardway Wassersportzentrum (Schnupperkurs 45 Euro/ Std. | Am Strandweg 1 | Loissin | Tel. 038352 66 25 99 | www.boardway.org)* und liegt 7 km westl. von Lubmin. Hier können Sie auch SUP oder Katamaransegeln ausprobieren. Herzlich geht's im *Hotel Seebrücke (12 Zi. | Dünenstr. 55 | Tel. 038354 35 30 | www.hotelseebruecke.de | €€)* zu. Dazu gehört ein unprätentiöses Lokal *(tgl. | €€)*, in dem es ehrliche Hausmannskost gibt. Die Art von Laden, in dem sich alle treffen.

HERINGSDORF

(135 F3) (*🕮 R6*) **Tatsächlich begann alles mit Heringen: Anfang des 19. Jhs. war Heringsdorf (3100 Ew.) nur eine winzige Fischersiedlung mit Heringsabpackerei am Strand. Dann kamen die ersten Gäste, ein Warmbad und Unterkünfte, und bis zum Zweiten Weltkrieg war der Ort Hotspot der Oberschicht.** Nach der Wende wurden viele alte Häuser restauriert, andere abgerissen und neue Hotelkomplexe hochgezogen, doch Prunk ist immer noch zu sehen.

SEHENSWERTES

KUNSTPAVILLON

Unter dem Ziehharmonikadach veranstaltet ein umtriebiger Verein Ausstel-

LOW BUDG€T

Wenn Sie beim Stadtbummel durch Greifswald der Hunger überkommt: Der Mittagstisch in der *Brasserie Hermann (tgl. | Gützkower Str. 1 | Tel. 03834 52 75 21)* ist lecker und kostet nur etwa 5 Euro.

Die *Stadtfähre*, die Swinemündes Ufer miteinander verbindet, kostet für Fußgänger und Radfahrer nichts. Das gesparte Geld können Sie in den vielen, wirklich günstigen *Secondhandläden* loswerden.

lungen und Aktionen. Immer im Mai findet z. B. das Pleinair „7 Malen Am Meer" statt, bei dem Künstler aus sieben Ländern ihre in Heringsdorf entstandenen Werke zeigen. *März–Sept. 15–18, Okt. ab 14 Uhr | Eintritt 2 Euro | Promenade im Rosengarten | www.kunstpavillon-ostseebad-heringsdorf.de*

MUSEUM VILLA IRMGARD

Vorträge, Malkurse und historische Filme – für Mariusz Lokarj, der das Kulturhaus betreibt, „lauter kleine Perlen". Ganz besonders schöne sind die Abendveranstaltungen dienstags und donnerstags: Kabarett oder Konzert bei Kerzenlicht. Eine Etage der Villa ist für die Erinnerung an den Schriftsteller Maxim Gorki reserviert, der sich 1922 in Heringsdorf erholte. *Mai–Sept. Di–So 14–18, Okt.–April 12–16 Uhr | Eintritt 4 Euro | Maxim-Gorki-Str. 13*

ESSEN & TRINKEN

MARC O'POLO STRANDCASINO

Im ehemaligen Strandcasino mischt sich seit 2017 Einkaufen und Essen. In der Küche des Restaurants *O'ne* hat der mit einem Michelinstern ausgezeichnete Tom Wickboldt das Sagen. Seine Menüs sind eher Kunst als Handwerk und bringen vorpommersche und Gourmetküche zusammen. *So–Di geschl. | Kulmstr. 33 | Tel. 038378 18 39 12 | www.strandcasino-marc-o-polo.com | €€€*

FREIZEIT & SPORT

OSTSEETHERME USEDOM

Salzig ist das Wasser hier auch, doch selbst im Hochsommer wärmer als die Ostsee. Sie können sich u. a. in sechs Becken tummeln und in vier Saunen schwitzen. *Mai–Okt. Mo–Sa 10–22, So bis 21, Nov.–April 10–21, So bis 20 Uhr | Eintritt ab 16 Euro | Lindenstr. 60 | www.ostseetherme-usedom.de*

SCHIFFSAUSFLÜGE

Für einen entspannten Tagesausflug nehmen Sie das Schiff, z. B. nach Swinemünde oder Misdroy, Ahlbeck oder Bansin ... *Hin- und Rückfahrt ab 14 Euro | www.adler-schiffe.de*

AM ABEND

SOMMERKINO

Ein schräges Bild, wenn im Hochsommer Hunderte Menschen mit Funkkopfhörern auf den Ohren neben der Seebrücke am Strand sitzen und gebannt auf die Leinwand schauen. *Ende Juni–Anf. Sept. | Eintritt 8 Euro | kaiserbaeder-sommerkino.de*

ÜBERNACHTEN

MARC EHLENBRÖKER FERIENWOHNUNGEN

Die ganze Bandbreite deckt Marc Ehlenbröker ab. Er vermietet Ferienwohnungen in alten und neuen, großen und kleinen Häusern. *91 Whg. | mobil 05261 92 70 02 | www.ferienwohnungen-usedom.de | €€–€€€*

AUSKUNFT

TOURIST-INFORMATION

Kulmstr. 33 | 17424 Seebad Heringsdorf | Tel. 038378 24 51 | www.drei-kaiserbaeder.de

ZIEL IN DER UMGEBUNG

INSIDER TIPP LIEPER WINKEL

(135 D3) (P–Q6)

Hierher kommen Urlauber, die eher auf Achterwasserromantik und Rohrdächer als auf Strandkorb stehen. Wie eine Faust ragt der Lieper Winkel im Südwesten von

Usedom (26 km) in den Peenestrom. Im Hauptort Rankwitz bekommen Sie in der *Alten Fischräucherei (tgl. | Am Hafen | Tel. 038372 7 05 21 | www.hafen-rankwitz.de | €€)* besten Fisch aus dem Rauch – auch zum Mitnehmen. Einen Überblick verschaffen Sie sich auf dem *Jungfernberg*, bevor Sie Ihre Ferienwohnung in der *Alten Molkerei (6 Whg. | Grüssower Str. 16 | Tel. 038372 7 66 83 | fam.marismedia.de | €€–€€€)* in Liepe beziehen. Wenn Sie sich eingerichtet haben, können Sie mit dem Ruderboot (gibt es dort auf Anfrage) los. Oder Sie decken sich erst mal im *Bioladen Grünfink (nur in der Saison geöffnet | Dorfstr. 21 | Quilitz | www.bioladen-usedom.de)* mit Verpflegung ein – und mit Infos zum Winkel.

LASSANER WINKEL

(134–135 C–D 2–4) *(P5–7)* **Im Landstrich zwischen Anklam und Wolgast werden Sie sofort in eine Art Entspannungstrance fallen. Lassan (1500 Ew.) direkt an der Peene ist still, zeitlos.**

Nach einem Tag kennen Sie jeden Stein auf der Straße. In den Dörfern ringsum, die man zum Teil nur auf Sandstraßen erreichen kann (lassen Sie das Auto am besten irgendwo stehen), leben Menschen, die Ruhe und Natur gern mit anderen teilen. Deswegen trinken Sie Kaffee vielleicht in einem Café, das in halbprivaten Räumen liegt. Oder nehmen eine Leistung in Anspruch, die ehrenamtlich erbracht wird. Dann ist eher Begegnung als Konsum, mitmachen statt berieseln lassen gefragt.

SEHENSWERTES

INSIDER TIPP DUFT- UND TASTGARTEN PAPENDORF

Riechen und anfassen ist erwünscht. Im Duft- und Tastgarten finden Sie raus, wie gut Sie sich mit Kräutern und Blüten auskennen. Und wenn Sie auf diese Herausforderung keine Lust haben, dann setzen

Das meistfotografierte Haus im Lieper Winkel ist blau und steht in Warthe

Sie sich einfach nur mal hin und entspannen. *Jederzeit zugänglich, Führung Mi 15 Uhr | Eintritt 3,50 Euro | Am Weiher 9 | Papendorf | www.mirabellev.de*

SANKT NIKOLAI ZU BAUER
Von der turmlosen Feldsteinkirche aus haben Sie (trotzdem) eine grandiose Sicht auf das Achterwasser und Usedom. Auch die Kirche selbst mit ihrer barock ausgemalten Decke kann sich sehen lassen. *Bauer | Wehrland*

ESSEN & TRINKEN

ACKERBÜRGEREI
Die Bürgerei in Lassan ist Treffpunkt und eine Art Zentrale des Lassaner Winkels. Hier gibt es eine Sauna, zehn Ferienwohnungen, Kanuverleih und leckeres Essen, das zum großen Teil aus der Region stammt – mit viel Grün dekoriert und Kräutern aus dem Garten. *Tgl. ab 16 Uhr | Lange Str. 55–57 | Tel. 038374 5111 | www.ackerbuergerei.de* | €

WEBCAFÉ
In ihrer Weberei in Pulow bietet Frau Schöne selbst gemachten Birnensaft und Kuchen an und weist Gäste in ihren Webstuhl ein. Falls Sie Lust haben, einen eigenen kleinen Teppich oder Schal zu weben, rufen Sie am besten vorher an. *Mai–Okt. tgl. 10–17 Uhr | Bergstr. 2 | Tel. 038374 8 29 48*

EINKAUFEN

KRÄUTERGARTEN POMMERLAND
„Blütenreigen", „Drachenglut", „Sternenklang" heißen die Teemischungen, die aus den hier angebauten Kräutern kreiert werden. Wer es nicht schafft, vorbeizuschauen, kann die Tees auch bestellen. *Am Sonnenacker 3–5 | Pulow | www.kraeutergarten-pommerland.de*

FREIZEIT & SPORT

Klares Wasser und nur die Dorfjugend, mit der man es teilt: Gleich eine ganze Reihe von Seen gibt es im Lassaner Winkel: den *Berliner See*, den *Pulower See*, den *Kleinen* und *Großen Pinnower See* sowie den *Kleinen* und *Großen Papendorfer See*. Kleine Badestellen, häufig mit Schaukelseil und Feuerstelle, finden sich versteckt an den Ufern. Besonders allein ist man am Pinnower See.

ÜBERNACHTEN

HERRENHAUS LIBNOW
Die Hausbesitzer hatten offensichtlich Spaß daran, jedes Zimmer anders zu gestalten. Sie können in einem asiatischen und einem Designerzimmer, einer Bauernstube oder einem Gründerzeitraum übernachten. *7 Zi. | Libnow 12 | Murchin | Tel. 03971 25 93 87 | www.herrenhaus-libnow.de* | €–€€

AUSKUNFT

MIRABELL E. V.
Lange Str. 57 | 17440 Lassan | Tel. 038374 5 52 68 | www.lassaner-winkel.de

ZINNOWITZ

(135 D2) (*P5*) **Hinter der Oberfläche eines Seebads, das selbstverständlich auch Strand, eine Seebrücke und, klar, Bäderarchitektur zu bieten hat, ist Zinnowitz (3700 Ew.) ein Ort mit Geheimnissen.**

Zum Beispiel sind da diese rätselhaften Holzskulpturen an der Promenade. Eine Mutter mit Baby, zwei Liebende, eine Hand, deren Finger aus dem Boden zu wachsen scheinen. Oder das verfallene Kurhaus mit Park. Das kann man als

Zinnowitz' Strandpromenade führt vorbei an Villen und Holzskulpturen

Schandfleck empfinden – oder eben als geheimnisvoll.

SEHENSWERTES

HEIMATMUSEUM

Am Zinnowitzer Bahnhof werden nicht nur Bahn-, sondern auch Zeitreisen angetreten. Das Heimatmuseum erläutert Ihnen Zinnowitz' Entwicklung zum Seebad, auch mit Filmen und Vorträgen. *Mo–Fr 10–17, Sa, So ab 14 Uhr | Eintritt 3 Euro | Bahnhofstr. 1 | www.heimatmuseum-zinnowitz.de*

VILLA MEYER

Reinhard Meyer lebte und malte vor 1990 im Untergrund, nun stellt er mit seiner Frau Brigitte Malerei, Grafiken und Objekte aus. Mittwochabends ab 20 Uhr geben sie zusammen mit ihrem Sohn Robert INSIDER TIPP Galeriekonzerte unter dem Namen „Jazzcasino". Dann ist auch die Bar geöffnet. *Tgl. 14–18 Uhr | Eintritt je nach Veranstaltung | Wilhelm-Potenberg-Str. 1 | www.usedomerkunsthaus.de*

ESSEN & TRINKEN

ZUM SMUTJE

Hier gibt es nur Fisch. Die Speisekarte lässt sich als Abriss der Usedomer Geschichte lesen: Der Graved Lachs schmeckt nach Schwedenzeit, das Erbe der DDR findet sich in der Fischsoljanka. *Tgl. | Vinetastr. 5a | Tel. 038377 4 15 48 | www.zum-smutje.de* | €€€

EINKAUFEN

GALERIE USEDOMFOTOS

Den vielen Naturfotografen der Insel eine Bühne zu bieten war die Idee von Matthias Gründling. Die Bilder können Sie nach dem Ansehen auch als Erinnerung mit nach Hause nehmen, aufgezogen oder mit Passepartout. *Mi–So 14–18 Uhr | Kirchstr. 4 | www.usedomfotos.de*

Möglich, dass Sie auf Gnitz mehr Schafen begegnen als anderen Urlaubern

FREIZEIT & SPORT

GREEN SEA DIVER USEDOM

Profis tauchen runter zu den Wracks, die vor der flachen Küste liegen. Alle anderen üben noch. Vier bis fünf Tage dauert der Kurs bis zum Tauchschein und kostet 320 Euro. *Ahlbecker Str. 21 | Tel. 038377 3 67 96 | www.green-sea-diver.de*

AM ABEND

PUB SEALORD

Falls Sie nicht nur Touristen, sondern auch mal Zinnowitzer treffen wollen, haben Sie in diesem Pub mit großer Whiskyauswahl eine Chance. Sonntags mit Livemusik. *Vinetastr. 5*

ÜBERNACHTEN

REFUGIUM AM MEER

Zeitgenössische Kunst zeigt das Refugium in wechselnden Ausstellungen, direkt daneben können Sie in hellen und gemütlich eingerichteten Apartments wohnen. *7 Apt. | Dünenstr. 34 | Tel. 038377 37 12 06 | www.usedomrefugium.de* | €€

AUSKUNFT

KURVERWALTUNG

Neue Strandstr. 30 | 17454 Zinnowitz | Tel. 038377 49 20 | www.zinnowitz.de

ZIELE IN DER UMGEBUNG

ATELIER OTTO NIEMEYER-HOLSTEIN

(135 E2) (*🕮 Q5*)

Otto Niemeyer Holstein war einer der berühmtesten Künstler der DDR. Sein Wohnhaus, Garten und Atelier an der schmalsten Stelle Usedoms (7 km östlich) sind seit seinem Tod kaum verändert worden. Kunstvoll ist dort schon die Anordnung von Bildern, Skulpturen und Gebäuden. *Anfang April–Mitte Okt. tgl. 10–18 Uhr | Eintritt 4 Euro | Lüttenort 1 | Koserow | www.atelier-otto-niemeyer-holstein.de*

GNITZ (135 D2–3) (*P5–6*)
Fahren Sie mit dem Rad auf die Halbinsel Gnitz (7 km südlich) und erkunden Sie Ganggräber und den *Weißen Berg* mit schönem Blick übers Achterwasser. In Neuendorf machen Sie einen Einkaufsstopp im *Hofladen Villa Kunterbunt (Zinnowitzer Str. 6 | Tel. 038377 43018 | www.hofladen-usedom.de)*, der Säfte, Fleisch, Honig, Marmelade, Brot, bunte Wolle und Felle vom eigenen Hof und Produkte aus der Umgebung verkauft. Hühner scharren im Sand, Schafe und Katzen dürfen Sie streicheln. Die Besitzerin vermietet außerdem eine Ferienwohnung *(€)*. Je nach Tageszeit und Laune bekommen Sie Bier, Kaffee, Kuchen und sehr guten Kakao im *Gnitzer Seelchen (Mo–Mi geschl. | Zinnowitzer Str. 2 | Lütow | www.gnitzer-seelchen.de)* an der Südspitze. Wenn Sie kiten oder surfen wollen, campieren Sie bei *Natur Camping Usedom (Zeltplatzstr. 20 | Lütow | Tel. 038377 40581 | www.natur-camping-usedom.de)* am Achterwasser. Im dazugehörigen Wassersportzentrum können Sie fast alle Wassersportarten lernen oder Boote und Ausrüstung leihen.

PEENEMÜNDE (134 C1) (*P5*)
Im Ort (17 km nördlich) erinnert noch vieles an seine düstere Vergangenheit: Die Nazis entwickelten hier die sogenannte V2-Rakete. Wie es dazu kam, erfahren Sie im *Historisch-Technischen Museum (April–Sept. tgl. 10–18, Okt.–März bis 16 Uhr, Nov.–März Mo geschl. | Eintritt 8 Euro | www.peenemuende.de)* im ehemaligen Kraftwerk. Der 25 km lange Rundweg *Denkmal-Landschaft* bringt Sie zu historisch interessanten Stationen in der Umgebung. Leichter fühlt sich ein Besuch am *Peenemünder Nordstrand* an, wo Sie nach stürmischen Tagen Glück beim Bernsteinsuchen haben können. Die *Apollo-Fahrgastreederei (unbedingt vorbuchen | Robbenplätze 20 Euro, Greifswalder Oie 25 Euro | Tel. 038371 20829 | www.reederei-peenemünde.de)* fährt Sie ab Peenemünde zu den Robbenplätzen im *Greifswalder Bodden* oder auf die Vogelschutzinsel *Greifswalder Oie*, wo Sie – schon auf der offenen Ostsee – den INSIDER TIPP *Leuchtturm (Eintritt 3 Euro)* besteigen, um weit draußen einen grandiosen Blick auf Bodden, Ostsee und das verbindende Fahrwasser zu haben.

WOLGAST (134 C2) (*P5*)
Durch Wolgast (11 km westlich) müssen Sie durch, wenn Sie von Norden kommend auf dem Landweg nach Usedom wollen – und Sie sollten unbedingt eine Zwischenstopp einlegen: Allein wegen der schönen Altstadt mit Giebel- und Fachwerkhäusern. Die „Kaffeemühle", das *Stadtmuseum (Di–Fr 10–18, Sa, So bis 16 Uhr | Eintritt 3 Euro | Rathausplatz 6 | www.museum.wolgast.de)*, ist nach den Kirchen das älteste Gebäude der Stadt und zeigt die Geschichte der pommerschen Herzöge, der Schwedenzeit, aber auch eine Sammlung von Fischerteppichen. Die haben tatsächlich Freester Fischer 1928 während einer Schonzeit zur Erholung der Fischbestände geknüpft. Philipp Otto Runges (1777–1810) Bilder hängen weit weg in der Hamburger Kunsthalle, aber in seinem *Geburtshaus (Di–Fr 10–18, Sa, So bis 16 Uhr | Eintritt 3 Euro | Kronwiekstr. 45 | www.museum.wolgast.de)* können Sie Nachdrucke sehen. Wenn Sie noch Zeit auf dem Festland verbringen wollen: *Der Speicher (9 Zi., 2 Whg. | Hafenstr. 22 | Tel. 03836 231891 | www.speicher-wolgast.de | €€)* liegt direkt am Museumshafen, hat schöne helle Zimmer und ein Restaurant *(€€)*, wo Sie zwischen Kompass und Seemannsknotentafel vor allem Schnitzel, Ofenkartoffel und Co. essen können.

ERLEBNISTOUREN

1 DIE OSTSEEKÜSTE PERFEKT IM ÜBERBLICK

START: ① Kalkhorster Strand
ZIEL: ⑳ Ostseetherme Usedom

Strecke:
➡ 575 km

8 Tage
reine Fahrzeit
9 Stunden

KOSTEN: Für zwei Personen ca. 1250 Euro (Benzin, Übernachtungen, Verpflegung, Fähre, Eintritte)
MITNEHMEN: Wanderschuhe, Fernglas, Badesachen

ACHTUNG: ⑭ **Königsstuhl:** Picknick mitnehmen, Busfahrplan unter *www.rpnv.de*
⑮ **Sassnitz: Osteria La Torre:** unbedingt reservieren!
Fähre Glewitz–Stahlbrode: in der Hauptsaison alle 20–30 Minuten

Diese Touren finden Sie als App unter go.marcopolo.de/omv

Sie wollen die einzigartigen Facetten dieser Region entdecken? Dann los! Noch einfacher wird es mit der Touren-App: Laden Sie sich die Tour über den QR-Code auf Seite 2/3 oder über die Webadresse in der Fußzeile auf Ihr Smartphone – damit Sie auch offline die perfekte Orientierung haben. Bei Änderungen der Tour ist die App auf dem neuesten Stand und weicht ggf. von den Erlebnistouren im Buch ab. In diesem Fall finden Sie in den Events & News (s. S. 2/3) die neueste Tour als PDF.

TOUREN-APP

→ S. 2/3

Hangeln Sie sich Tag für Tag ein Stück weiter nach Osten. Am Ende dieser Tour werden Sie viele Eindrücke gesammelt und das Strandleben genossen haben. Sie sind durch die Altstädte von Wismar, Stralsund und Greifswald gebummelt und haben in Rostock das Nachtleben und an den Kreidefelsen die Natur gefeiert.

Wo könnte eine Küstentour passender beginnen als am Strand? Am **1 Kalkhorster Strand** haben Sie das erste Mal Gelegenheit, in die Ostsee zu tauchen, bevor Sie **Richtung Osten** aufbrechen. Ihr erster Halt ist **2 Klütz → S. 37**. Nach einem Spaziergang durch den Ort können Sie in den **Ga-**

TAG 1

1 Kalkhorster Strand

13 km

2 Klütz

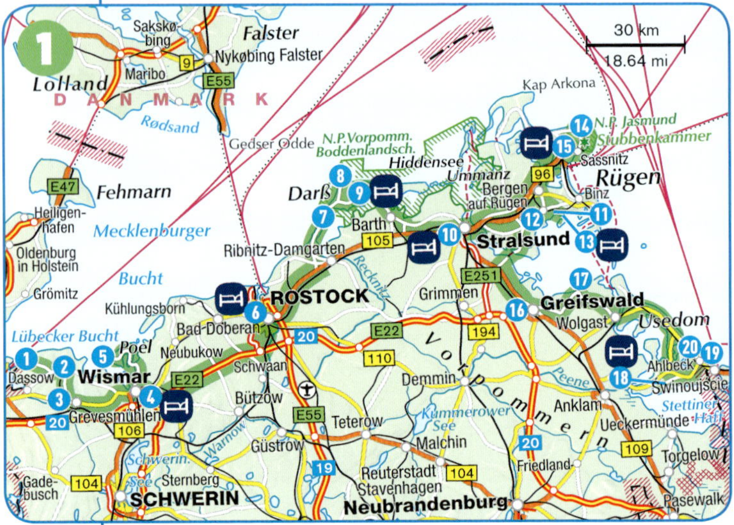

10 km

3 Steinzeitdorf Kussow

31 km

4 Wismar

TAG 2

28 km

5 Timmendorf Strand

74 km

6 Rostock

lerien der **Alten Molkerei Klütz → S. 38** Kunst und Kunsthandwerk aus der Region betrachten – und kaufen. Nebenan im **Café Miluh** bekommen Sie einen Mittagssnack. Dann fahren Sie weiter **nach Süden**, zum **3 Steinzeitdorf Kussow → S. 35**, wo Sie wie unsere Urahnen töpfern oder weben können. Bis nach **4 Wismar → S. 41** sind es von hier aus noch **rund 30 km in östlicher Richtung.** Die Stadt verdient eine ausführliche Besichtigungsrunde, mindestens sollten Sie einmal über den **Marktplatz → S. 42** schlendern und zum **Alten Hafen → S. 41**, wo der Nachbau einer **Poeler Kogge → S. 42** liegt. Zu Abend essen Sie im ältesten Haus der Stadt, dem **Alten Schweden → S. 42**, bevor Sie im **Filmhostel → S. 43** unter die Bettdecke schlüpfen. Ist aber gerade Donnerstag, dann vorher noch das Programmkino im **Tikozigalpa → S. 43** besuchen!

Nach einem Frühstück im **Café Glücklich → S. 43** fahren Sie **nach Norden** auf die Insel **Poel → S. 36**, machen in **5 Timmendorf Strand** einen Spaziergang inklusive Badepause in der Ostsee. Mittags gibt's Fisch im ziemlich ostcharmigen Restaurant **Zur Insel → S. 36**. **Die A 20 Richtung Stralsund** bringt Sie nach **6 Rostock → S. 48**, wo Sie sich nach einem ausgiebigen Stadtspaziergang zum Abendessen im orientalischen Bistro **Momo → S. 50** niederlassen. Mit aufgefüllten Energiespeichern besteigen Sie danach **an der**

Warnow ein Kajak für eine **Mondscheintour → S. 50**, bei der Sie zwischen den Paddeletappen spannend erzählten Stadtgeschichten lauschen. Den Abend lassen Sie am besten in der Kröpeliner-Tor-Vorstadt ausklingen. Ein Hostel und einen netten Biergarten → S. 50 finden Sie im **Peter-Weiss-Haus** *(Doberaner Str. 21 | peterweisshaus.de)*.

Über die B 105 fahren Sie aufs Fischland. In ⑦ **Ahrenshoop → S. 54** besuchen Sie das **Kunstmuseum → S. 55** und werfen einen Blick auf den Küstenabschnitt, der so viele Künstler inspiriert hat. Mittagssuppe und Kaffee bekommen Sie in der **Kaffeemühle → S. 56**. Ein Highlight ist die Wanderung **durch den Darßwald** zum wilden ⑧ **Weststrand → S. 60** und zurück. Bei müden Beinen kommt am Abend die Sauna im Hotel **Haferland → S. 64** in ⑨ **Wieck → S. 63** gerade recht. Hier können Sie natürlich auch übernachten, aber erst nach ein paar Schwimmzügen im **Bodden** gegenüber.

Fahren Sie **über den Zingst → S. 66 und die Meiningenbrücke nach Barth → S. 57** und dann weiter **auf der B 105 nach** ⑩ **Stralsund → S. 79**. Stärken Sie sich mit einem Fischbrötchen am **Hafen**, bevor Sie sich in die Schlange vor dem **Ozeaneum → S. 80** einreihen. Nachdem Sie Bekanntschaft mit all den Fischen und Meerestieren, die es dort zu sehen gibt, gemacht haben, spazieren Sie durch die **Altstadt → S. 79** über den **Alten Markt** und zu den **Stadtteichen**. Kaffeepause? Die sollten Sie bei **Kaffee Monopol → S. 81** einlegen, denn dort ist der INSIDER TIPP Kaffee selbst geröstet und teilweise ökologisch und fair gehandelt. Bei einem Einkaufsbummel **durch die Innenstadt** kommen Sie bei **Meereston** *(An der Fährbrücke 1a | www.meereston.de)* vorbei, wo zarte Blüten Tassen, Butterschalen und Teller schmücken. Dann heißt es Abend essen in der **Essbar → S. 80** und danach im **Hotel Amber → S. 81** ins Bett fallen. Halt! Vorher müssen Sie unbedingt noch einen Cocktail im **Brazil** *(Am Querkanal 4 | short.travel/omv4)* auf der Hafeninsel trinken und sich über die schöne Abendstimmung im Sund freuen.

Nun sind Sie reif für die Insel! **Über die Strelasundbrücke geht es nach Rügen** – dabei nicht vergessen, rechts und links über den Sund zu gucken! – und dort nach ⑪ **Lauterbach → S. 73**. Im Hotel **Badehaus Goor → S. 73** checken Sie für die Nacht ein und lassen sich ein Faltblatt mit der Wegbeschreibung für den **Pfad der Muße und Erkennt-**

TAG 3
49 km
⑦ Ahrenshoop
10 km
⑧ Weststrand
13 km
⑨ Wieck

TAG 4
55 km
⑩ Stralsund

TAG 5
39 km
⑪ Lauterbach
7 km

⑫ Putbus

4 km

⑬ Badehaus Goor

TAG 6

44 km

⑭ Königsstuhl

8 km

⑮ Sassnitz

TAG 7

73 km

⑯ Greifswald

21 km

⑰ Lubmin

60 km

⑱ Stolpe

nis → S. 73 geben. Nach vier entspannten und vielleicht auch einsichtsreichen Kilometern fahren Sie nach ⑫ **Putbus → S. 74** und essen im **Rosencafé → S. 75** eine Kleinigkeit. Im **Schlosspark → S. 74** wandeln Sie nun auf den Spuren von Fürst Malte und umrunden auch einmal den **Circus**, bevor Sie am Abend Spa und Restaurant im ⑬ **Badehaus Goor** genießen.

Nehmen Sie die Alleenstraße nach Sassnitz. Die Route zwischen alten Linden, Buchen und Ahornbäumen ist nicht die schnellste, aber die schönste. **Bei Lietzow überqueren Sie den Jasmunder Bodden,** dann wartet die Kreideküste! Packen Sie Wasserflasche und ein Picknick ein und schlüpfen Sie in die Wanderschuhe. Je nach Lauftempo und Pausen zum Ausruhen und um die Ausblicke auf die Kreidefelsen, in den Wald und aufs Meer zu genießen, brauchen Sie von Sassnitz zum ⑭ **Königsstuhl → S. 77** zwischen zwei und vier Stunden. Mittags picknicken Sie auf einer der Bänke am Hochuferweg. Abstiege zum Strand sind zwischendurch immer wieder möglich, dabei unbedingt Ausschau nach Fossilien halten! Am Nachmittag bringt Sie der Bus **zurück nach** ⑮ **Sassnitz → S. 76**, wo die **Osteria La Torre → S. 76** für ein grandioses italienisches Abendessen sorgt. Im **Alten E-Werk → S. 76** übernachten Sie mitten im Weltnaturerbe-Buchenwald.

Heute haben Sie einen langen Tag vor sich – stehen Sie früh auf, es lohnt sich! Die Fähre Glewitz–Stahlbrode bringt Sie **wieder aufs Festland und die B 105 weiter nach** ⑯ **Greifswald → S. 86**. Nach einem Einkaufsbummel in der Innenstadt und einem kurzen Abstecher zum **Museumshafen → S. 88** gibt es zu Mittag Deftiges im **Fritz Braugasthaus** *(tgl. | Markt 13 | Tel. 03834 57830 | www.fritz-braugasthaus.de | €€€)*. Weiter geht es **am Bodden entlang nach** ⑰ **Lubmin → S. 89**. Machen Sie hier einen Badestopp und gönnen Sie sich Kaffee und Kuchen im **Hotel Seebrücke → S. 89**. **Über Wolgast → S. 95 fahren Sie auf die Insel Usedom.** Ihr Ziel ist ⑱ **Stolpe**, wo im idyllisch gelegenen und ökologisch bewirtschafteten INSIDER TIPP **Stolperhof** *(Landweg 1 | Tel. 038372 71081 | www.stolperhof.de | €€)* eine der 16 Kammern für Sie hergerichtet wurde. Vor dem Abendessen mit pommerschen Gerichten und selbst gebrautem Bier schaffen Sie es noch, dem schmucken **Stolper Schloss** *(April–Okt. Di–Fr 11–18, Sa, So ab 14 Uhr | Eintritt frei, Spende erbeten)* aus dem 13. Jh. einen Besuch abzustatten.

Schnappen Sie sich die bereitstehenden Gästeräder und radeln Sie **über Dargen und Korswandt nach ⑲ Ahlbeck → S. 82**. Nach einem Bummel durch das Kaiserbad tauchen Sie ein letztes Mal in die Ostseewellen und freuen sich auf ein dem Anlass (Urlaubsende!) entsprechendes Mittagessen im Restaurant auf der **Seebrücke → S. 82**. Und bevor es wieder zurück nach Hause und in den Alltag geht, gönnen Sie sich noch einen entspannten Nachmittag in der **⑳ Ostseetherme Usedom → S. 90**.

TAG 8

25 km

⑲ Ahlbeck

3 km

⑳ Ostseetherme Usedom

2 MAL GESCHÄFTIG, MAL STILL: GREIFSWALD AN EINEM TAG

START: ① Marell ZIEL: ⑧ Museumshafen	1 Tag reine Geh-/Fahrzeit 2 Stunden
Strecke: 17 km	

KOSTEN: Für zwei Personen 110 Euro (Verpflegung, ggf. Fahrradmiete)
MITNEHMEN: Windjacke, feste Schuhe, Fernglas, Decke

ACHTUNG: **④ Brasserie Hermann:** Mittagstisch 11.30–14 Uhr
⑤ Fahrradausleihe: Usedomrad *(9 Euro/Tag | www.usedomrad.de)*

Nehmen Sie sich einen Tag Zeit, um die lebendigste Stadt Vorpommerns und ihre (Hanse-)Geschichte zu entdecken. Blicken Sie von oben auf Dächer und Straßen, radeln Sie am Ryck entlang zum Eldenaer Kloster und freuen Sie sich auf einen Abend im Hafentrubel.

10:00 Der Tag wird lang, deshalb sollten Sie sich erst mal stärken: mit einem zweiten (Bagel-)Frühstück und frisch geröstetem Kaffee im **① Marell** *(Mo, So-Vormittag geschl. | Knopfstr. 14 | www.marell-coffee.de)*. Von dort starten Sie Ihren Stadtrundgang: **über den Marktplatz → S. 87, vorbei am Rathaus, in Richtung Europakreuzung.** In der ② INSIDER TIPP **Galerie Jantar** *(Schuhhagen 30 | www.galeriejantar.de)* sehen Sie sich in der Region hergestellten Schmuck und Wohnaccessoires an – und erstehen vielleicht auch ein edles Stück. **Über den Wall** spazieren Sie zum **③ Dom Sankt Nikolai → S. 87**, um von dessen Turm die Stadt im 360-Grad-Panorama zu erleben und den Ryck, Greifswalds Fluss, auf seinem Weg zum Bodden zu verfolgen.

① Marell

0,5 km

② Galerie Jantar

1 km

③ Dom Sankt Nikolai

1 km

❹ Brasserie Hermann

0,5 km

❺ Fahrradausleihe

6 km

❻ Pier 19

1 km

❼ Klosterruine Eldena

7 km

❽ Museumshafen

12:30 Zeit fürs Mittagessen: **Vom Dom aus gehen Sie zum Marktplatz, biegen hinter dem roten Rathaus rechts in die Fleischerstraße ein, überqueren die Bahnhofstraße und stehen vor der ❹ Brasserie Hermann → S. 89**, wo Sie bei gutem Wetter auch im kleinen Garten Platz nehmen können. Anschließend gehen Sie ein kurzes Stück **über den Wall** zur **❺ Fahrradausleihe vor dem Technischen Rathaus,** wo die Leihräder von Usedomrad stehen. Der wahrscheinlich schönste Weg Greifswalds, der alte Treidelpfad am Ryck, der sich am schilfbestandenen Ufer sanft **nach Osten** schlängelt, bringt Sie nun in den Ortsteil **Wieck → S. 88**. Es riecht nach Fluss, am Ufer gegenüber sieht man häufig Graureiher, manchmal auch Seeadler. In **Wieck** angekommen, haben Sie sich ein Eis verdient. Das bekommen Sie an der Mole im **❻ Pier 19** *(tgl. | www.hotel-utkiek-greifswald.de)*, **ganz am Ende des nördlichen Piers, noch hinter dem Sperrwerk.** Nun fehlt noch der Abstecher zur **❼ Klosterruine Eldena → S. 87**. Genießen Sie dort den Schatten der Buchen und die Stille, bevor Sie sich auf den Rückweg nach Greifswald machen.

17:00 Wenn Sie die Räder zurückgebracht haben, schlendern Sie zurück zum **❽ Museumshafen → S. 88**, suchen sich vor den Yachten und Traditionsschiffen einen Platz zwischen Grills, Picknickdecken und Kubb-Spielen und gesellen sich zu all denen, die die Abendsonne bis zum Untergang genießen wollen. Keinesfalls auslassen: den Brathering in der **Hornfischbar → S. 88** auf der „Pomeria"!

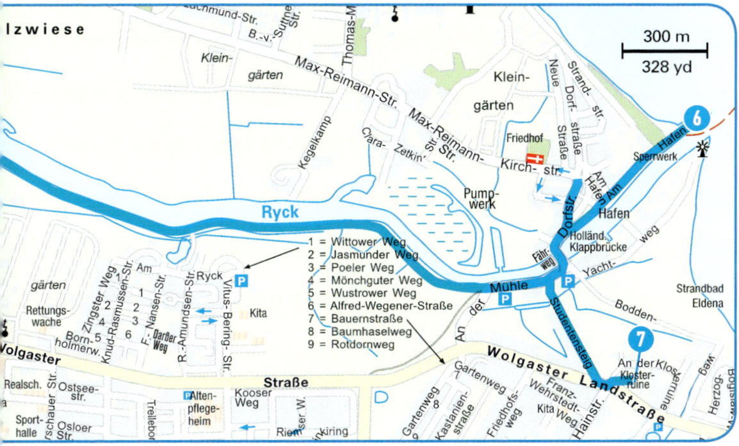

3 AUF AUGENHÖHE MIT DEN GRAUGÄNSEN

START: ❶ **Galerie Café Barth**
ZIEL: ⓭ **Darßer Brauhaus**

Strecke:
➡ **43 km**

2 Tage
reine Paddel-/Gehzeit:
6/4 Stunden

KOSTEN: Für zwei Personen 380 Euro (Kanumiete inkl. Rücktransport, Übernachtung, Verpflegung, Eintritte)
MITNEHMEN: Möglichst wenig und wasserdicht verpacktes Gepäck für zwei Tage, Schlafsack, Isomatte, Fernglas, Picknick

ACHTUNG: ❷ **Wassersportzentrum Barth** *(April–Okt. tgl. | Kanu 33 Euro/Tag | Glöwitz 1c | mobil 0179 8 38 41 27 | www.wassersportzentrum barth.de)*; Kanutour nur bis max. Windstärke 3 und nach Einweisung möglich, Karte mitgeben lassen

Es gibt keine intensivere Art, die Bodden zu erleben, als beim Paddeln. Neben der Kanutour bleibt Ihnen noch genug Zeit, um Zingst und Prerow zu entdecken und im Wald und am Bodden zu wandern.

TAG 1

❶ **Galerie-Café Barth**

0,5 km

❷ **Wassersportzentrum Barth**

Stärken Sie sich mit einem großen Frühstück im ❶ **Galerie-Café Barth** → S. 57, bevor Sie im ❷ **Wassersportzentrum Barth** Ihr Kanu besteigen. Nach der obligatorischen Einweisung paddeln Sie durch die Idylle **entlang**

10 km

3 Wasserwanderrastplatz Zingst

1 km

4 Zingster Stuben

3 km

5 Wellness-Camp Düne 6

4 km

6 Museumshof Zingst

0,5 km

des Schilfstreifens nach Zingst **→ S. 66****, östlich an den Inseln Kirr und Oie vorbei,** denn zwischen den Inseln dürfen Sie wegen der rastenden Vögel nicht durch. Im Schilf rascheln Blesshühner und Haubentaucher, eine Graugans schwimmt an Ihrem Boot vorbei. Seeschwalben kreischen.

Nach 10 km haben Sie Ihr heutiges Paddelsoll erfüllt und gehen nach dem Anlegen am **3 Wasserwanderrastplatz Zingst** *(Hafenmeister Herr Grieser, mobil 0174 3 14 39 67)* **durch die trubelige Strandstraße zu den 4 Zingster Stuben** *(tgl. | Strandstr. 36 | Tel. 038232 8 02 02 | €€)*, wo Sie eines der Mecklenburger Gerichte bestellen sollten. Bei einem Spaziergang **ostwärts am Spülsaum des Strands bis zur Abzweigung des Boddenwanderwegs Richtung Hafen** gelangen Sie zu Ihrem Nachtquartier, einem Mietwohnwagen im **5 Wellness-Camp Düne 6** *(Tel. 038232 176 17 | www.wellness-camp.de | €–€€)* **an der Straminke, am Strandübergang 6.** Sobald Sie sich eingerichtet haben, geht es zum Sightseeing: Der Weg zurück in den Ort führt jetzt **über den Deichweg,** auf dem Sie eine grandiose Sicht bis zur Barther Kirche haben und weit über die Boddenkette schauen können, **zum Hafen. Dort gehen Sie die Hafenstraße bis zur Strandstraße und von dort bis zum Kreisverkehr.** Hier, im **6 Museumshof Zingst** **→ S. 67**, machen Sie Bekanntschaft mit der Geschichte der Halbinsel

und der Menschen, die zwischen Bodden und Ostsee leb(t)en.

Wenn Sie vor dem Museum die Strandstraße überqueren und Richtung Seebrücke gehen, kommen Sie am ⑦ Café Rosengarten → S. 67 **vorbei,** wo Sie zwischen Blüten zu Abend essen. Und bevor Sie sich in Ihren Wohnwagen zurückziehen, machen Sie zum Sonnenuntergang noch einen Spaziergang zur **⑧ Seebrücke**.

Nach dem Frühstück mit Brötchen vom Campingplatz geht es wieder zum **⑨ Wasserwanderrastplatz** und rein ins Kanu. Für die Strecke nach Prerow → S. 60, auf der Sie die markante, 100 Jahre alte **Meiningenbrücke** passieren, brauchen Sie drei bis vier Stunden. Während sich die Autofahrer oben auf die Straße konzentrieren müssen, dürfen Sie in aller Ruhe die alte Eisenbahnbrücke bewundern. Hinter der Meiningen- und der Autobrücke können Sie steuerbord (rechts) am **⑩ Ufer** anlegen und an Land picknicken. Sie paddeln weiter **am Schilfrand entlang, östlich vorbei an der Insel Schmidtbülten** auf Ihrer Backbordseite (links), auf der Wasserbüffel vom Gut Darß → S. 59 grasen. Nicht mehr weit ist es nun bis zur **Einfahrt in den Prerowstrom.** Wenn Sie Glück haben, werden Sie von der Prerower Kegelrobbe begrüßt.

Das Begrüßungskomitee steht in Prerow schon bereit

Nach dem Anlegen am **⑪ Wasserwanderrastplatz Prerow** *(Hafenmeister Herr Plottka, mobil 0172 8 09 76 53)* fahren Sie mit Sack und Pack in der nostalgischen Darßbahn *(alle 15 Min. | 4 Euro | darssbahn.de)* zum **⑫ Regenbogen-Camp Prerow** → S. 62, wo Sie Ihr Mietzelt übernehmen. Nach dem Auspacken wandern Sie **ungefähr 1,5 km am wilden Nationalparkstrand, dann führt ein Weg in den Wald hinein und auf die Zeltplatzstraße, auf der Sie 3 km bis in den Ortskern laufen.** Am Weg steht filigranes, dünnes Waldgras, wenn der Tag sonnig war, duftet es nach Kiefern. Und im Spätsommer können Sie Heidelbeeren und Preiselbeeren pflücken. Falls Ihnen das nicht reicht: Ein leckeres Abendessen zu hausgebrautem Bier bekommen Sie im **⑬ Darßer Brauhaus** → S. 61.

⑦ Café Rosengarten

1 km

⑧ Seebrücke

TAG 2

2 km

⑨ Wasserwanderrastplatz

6 km

⑩ Ufer

7 km

⑪ Wasserwanderrastplatz Prerow

3 km

⑫ Regenbogen-Camp Prerow

5 km

⑬ Darßer Brauhaus

4 STILLE SEEN, SCHÖNE WÄLDER: LASSANER WINKEL

START: ❶ Wolgast
ZIEL: ❶ Wolgast

Strecke:
71 km

2 Tage
reine Fahrzeit
5 Stunden

KOSTEN: Für 2 Personen 200 Euro (ggf. Fahrradmiete, Verpflegung, Übernachtung, Eintritte)
MITNEHMEN: Möglichst wenig und wasserdicht verpacktes Gepäck für zwei Tage in Fahrradtaschen, Picknick, Fahrradkarte (z. B. Kompass Ostseeküste MV, Karte 3)

ACHTUNG: ❶ **Wolgast:** Leihrad bei Fahrradservice Kruggel *(ab 5 Euro/Tag | Bahnhofstr. 42 | Tel. 038377 4 28 69 | www.fahrradverleih-usedom.de)*. ❸ **Pulow**: Fragen Sie im Webcafé vorher an, ob ein Webversuch möglich ist. ❹ **Ackerbürgerei**: Zimmer rechtzeitig reservieren

Der Lassaner Winkel ist ein Kleinod, das sich perfekt auf einer gemütlichen Radtour entdecken lässt. Nehmen Sie sich Zeit zum Kräuterverkosten und Weben, für den Sprung in den See und die Kaffeestunde im Garten.

TAG 1

❶ Wolgast
14 km
❷ Feldsteinkirche
6 km
❸ Pulow
6 km
❹ Ackerbürgerei

Sie verlassen ❶ **Wolgast** → S. 95 **südwestlich durch das hügelige Hohendorf und fahren südwärts auf der schattigen, alten Allee, parallel zur Peene. Durch Hohensee, Zemitz und Bauer gelangen Sie nach Wehrland.** Steigen Sie an der gedrungenen ❷ **Feldsteinkirche** → S. 92 ab und werfen Sie einen Blick hinein. Der Küster ist häufig da, auskunftsfreudig und nett. Hinter der Kirche haben Sie einen wunderbaren Blick auf den Peenestrom. Ab jetzt wird es hügelig. In ❸ **Pulow** legen Sie eine Picknickpause ein, bevor Sie den tief liegenden **Waldsee umrunden** und sich schließlich im kühlen Wasser erfrischen. Danach dürfen Sie sich im **Webcafé** → S. 92 an den Webstuhl wagen und sollten auf jeden Fall den Kuchen oder den selbst gemachten Birnensaft probieren.

Gegen Abend machen Sie sich auf den Weg nach **Lassan** → S. 91, wo in der ❹ **Ackerbürgerei** → S. 92 schon ein Zimmer auf Sie wartet. Genießen Sie im üppig blühenden Garten ein Abendessen mit frischen Kräutern, bevor Sie den Tag in der hoteleigenen Sauna beschließen.

Nach der Ruhe im Lassaner Winkel schnuppern Sie in Wolgast Stadtluft

Von Lassan aus radeln Sie **über Buggenhagen und Klotzow nach Pinnow.** Im Dorf **5 Klotzow** mit seinen alten Bäumen und Häusern haben Sie einen weiten Blick über den Peenestrom und nach Usedom. **In Pinnow halten Sie sich rechts,** um zum **6 Großen Pinnower See** → S. 92 mit seinem klaren Wasser zu kommen. Zeit für einen Badestopp mit Picknick! Falls Sie noch Ihren Proviant aufstocken müssen, machen Sie einen Abstecher von 1 km zum **7 Höfeladen Esslust** *(www.hoefeladen-esslust.de)* in Libnow.

Über Lentschow fahren Sie nördlich nach Papendorf, wo Sie ein sinnliches Erlebnis erwartet: Im kunstvoll gestalteten **8 Duft- und Tastgarten Papendorf** → S. 91 können Sie 300 verschiedene Nutzpflanzen riechen und schmecken. Wenn der Kiosk geöffnet hat, bekommen Sie hier auch Kaffee und Kuchen. **Der Weg zurück führt wieder über Pulow und jetzt nach Nordwesten durch den Wald nach Zemitz. Hier stoßen Sie auf die Allee von gestern und fahren noch ca. 15 km zurück nach 1 Wolgast.**

TAG 2

8 km

5 Klotzow

5 km

6 Großer Pinnower See

3 km

7 Höfeladen Esslust

9 km

8 Duft- und Tastgarten Papendorf

20 km

1 Wolgast

SPORT & WELLNESS

Ein großer Wasserspielplatz – die mecklenburg-vorpommersche Ostseeküste ist durch die lange Küstenlinie und die Brackwasserlagunen Bodden, Achterwasser und Salzhaff ein ziemlich einzigartiges Wassersportrevier.

Sport und Wellness funktionieren aber auch diesseits des Strands. Vor allem Wandern, Radfahren und Reiten gehen an der Küste richtig gut.

BADEN

Am 1. Januar wird in Prerow die Badesaison eröffnet, am 31. Dezember ist sie zu Ende. Diejenigen, die nicht der Meinung sind, dass Baden immer geht, mögen das Ostseewasser am liebsten im Juli und August. Dann hat es um die 18 Grad. Bei starkem auflandigem Wind können Sie in entsprechend hohe Wellen springen. Auf Kinder und schwächere Menschen ist wegen leichter Unterströmungen dann besonders zu achten. Einige Strände werden von der DLRG überwacht. FKK geht an ausgewiesenen Strandabschnitten, wird aber auch an leeren Stränden oder Badeseen meist toleriert.

KANU & SUP

Die windgeschützteren Brackwassergebiete, die Bodden, Haffs und Achterwasser sowie die Flussmündungen sind perfekt für Kanufahrten, egal ob es Ihre ersten, von Armmuskelkater geprägten Stunden oder längere Wasserwandertouren sind. Seekajaktouren sind eher

Zeit für Bewegung – Radfahren, Wandern, Schwimmen und Wassersport gehen an der Küste immer

was für sportliche und erfahrene Paddler. Einweisungen und Infos zu Revier und Wetter bekommen Sie zur Ausrüstung an den Verleihstationen. Für Ihren ersten Tag beim Stand-up-Paddling (SUP) warten Sie am besten auf Flaute. Dann ist das Paddeln auf dem Board aber vergleichsweise leicht zu lernen.

RADFAHREN

Wind im Haar und Blick aufs Meer – das Bike ist an der Küste eine logische Wahl. Es gibt nur wenige Steigungen, viele Strecken führen über Radwege oder wenig von Autos befahrene Nebenstrecken. Auf Hiddensee sind Autos gar nicht erlaubt, auf Usedom rettet Ihnen das Fahrrad die gute Laune: Weil auf der Verbindungsstraße zwischen den Seebädern in der Hauptsaison zeitweise gar nichts mehr geht. Und wenn die Kondition mal nicht mehr reicht: Die Linienbusse auf dem Darß und auf Rügen sind zum Teil mit Radanhängern unterwegs, Infos unter *www.rpnv.de* und *www.vvr-bus.de*.

Radwandern geht am besten auf dem *Ostseeküstenradweg*. Der führt von Flensburg nach Ahlbeck und nimmt alle relevanten Küstenorte mit. Nur Rügen bleibt außen vor. Wer mit Zelt und Kocher fährt, findet überall Campingplätze, wer schneller und ohne viel Gepäck unterwegs sein will, kommt in Pensionen unter (am besten reservieren). Unterschätzen Sie den Wind nicht. Gegen ständigen Gegenwind anzustrampeln kann genauso anstrengend sein, wie Hügel rauf- und runterzufahren. Bei der Routenplanung deshalb die Großwetterlage checken. Infos und Tourenvorschläge zum Radwandern unter *www.radkompass.de* und *www.auf-nach-mv.de/radwandern*, Eindrücke vom Ostseeküstenradweg zum Beispiel unter *#ostseeküstenradweg* bei Twitter.

REITEN

Auf dem Pferd den Strand entlanggaloppieren ist der Traum vieler Gelegenheits- und Profireiter. Die Angebote an der Küste reichen von Tagesausritten zu eben so einem Traumstrand bis zu mehrtägigen Wandertouren. Sie können ein eigenes Pferd mitbringen und in Gastboxen unterstellen. Und klar, wer's bisher noch nicht gelernt hat, kann Reitstunden nehmen. Einen guten Überblick über die Angebote finden Sie unter *www.reiten-in-mv.de*.

SEGELN

Die große Freiheit: mit einer Yacht von Hafen zu Hafen tingeln. Um ein Boot zu leihen, müssen Sie natürlich segeln können, die meisten Vercharterer wollen auch einen Sportbootführerschein sehen. Auch wenn die Ostsee (fast) keine Gezeiten hat, ist das Revier nicht zu unterschätzen. Zum Beispiel weil im Greifswalder Bodden bei Ostwind eine steile Welle steht oder wegen der vielen Flachs überall an der Küste. Im westlichen Teil sind die Entfernungen zwischen den Häfen zum Teil recht weit. Dann lohnt zur Überbrückung ein Abstecher an die dänische Küste. Infos zum Segeln, zu Segelschulen und -kursen unter *short.travel/omv20* und *short.travel/omv21*.

SURFEN, KITESURFEN, WELLENREITEN

Spots zum Surfen, Jollensegeln, Wellenreiten und Kiten liegen dicht nebeneinander. Auf Rügen gibt es mit Neu Mukran

Die abwechslungsreiche Boddenlandschaft lässt sich gut im Pferdesattel erkunden

ein Wellenrevier, wo auch mal eine Zwei- bis Drei-Meter-Welle steht. Ein paar Kilometer weiter, im Greifswalder Bodden, gibt es gute Stehreviere, flache und geschützte Spots zum Üben von Tricks. Wer eine Entscheidungsgrundlage für den Surf- oder Kiteurlaub braucht, findet auf der Seite *surflocal.de* etwa 100 Spots, die vier leidenschaftliche Surfer aus MV nach Revier, Wasser- und Windbedingungen und Infrastruktur bewertet haben. Hier gibt es auch Infos zu Wassersportschulen und Green Surfing – umweltfreundlichem Surfverhalten.

TAUCHEN

Auch ohne exotische Fische und Korallenbänke ist Tauchen in der Ostsee ein Abenteuer: wegen der vielen Wracks, die an der flachen Küste auf Grund liegen. Beim Wracktauchen geht es weniger um geheime Schätze als um den historischen Schauer. Anfänger lernen in der Tauchbasis erst mal, wie es geht. Wenn Sie sich nicht sicher sind, ob Tauchen etwas für Sie ist, buchen Sie eine Schnupperstunde. Infos zu Tauchspots unter *short.travel/omv22*, zu Tauchschulen unter *short.travel/omv23*.

WANDERN & PILGERN

Die meisten Wanderrouten sind auch für Untrainierte kein Problem. Oft ist der nahe liegende Wanderweg einfach der Strand und das Wellenrauschen der Soundtrack dazu. Die schönsten Wege finden Sie im Nationalpark Vorpommersche Boddenlandschaft auf dem Darß und auf Rügen. Ingo Gudusch aus Spandowerhagen bei Usedom gibt auf seiner Website *www.kanuhof-spandowerhagen.de* Wandertipps und macht Tourenvorschläge. Wenn es Ihnen auch um den spirituellen Aspekt geht, dann pilgern Sie auf der *Via Baltica*. Der baltisch-westfälische Jakobsweg führt entlang der Ostseeküste. Infos unter *www.kirche-mv.de*.

WELLNESS

Mildes Reizklima, viel Natur, wenig Feinstaub – Gesundheitstourismus liegt an der Küste auf der Hand. Im Land gibt es unzählige Wellnesshotels, und alle größeren Schwimmbäder haben Spa- und Wellnessbereiche. Falls Sie Ayurveda-Massagen und Thalassotherapie ausprobieren wollen: Viele Hotels bieten in der Nebensaison Sparangebote an *(short.travel/omv24)*. Ein kleiner, aber wachsender Bereich ist ökologische Wellness, bei der Wert auf Nachhaltigkeit gelegt wird im Hinblick auf Essen, Freizeitangebote und sogar das Massageöl aus natürlichen ätherischen Ölen. Ansonsten gibt's Entspannung auch umsonst, beim Wandern, Baden oder in den Saunen von kleineren Ferienwohnanlagen und Hostels.

Sportgerät und Verkehrsmittel Nummer eins ist an der Küste das Fahrrad

MIT KINDERN UNTERWEGS

Kinder kann man auch mit ein paar Quadratmetern Sand und einer Schaufel glücklich machen – was an der Küste Mecklenburg-Vorpommerns keine Kunst ist.

Aber weil die meisten Erwachsenen nicht stundenlang an einem Fleck im Garten, am Strand oder auf dem Spielplatz sitzen wollen, gibt es hier ein paar Ideen für Ausflüge. Einen eigenen Kalender für Familienveranstaltungen an der Küste zwischen Warnemünde und Greifswald finden Sie im Heft „Sommerknirpse". Das liegt in den Touristinformationen aus, den Kalender gibt es auch digital unter *www.sommerknirpse.de*. Wenn Sie Ihre Familie trotzdem nicht vom Strand wegbekommen: Während die Kinder buddeln, ist endlich mal Zeit zum Nichtstun.

WISMAR UND DIE WISMARBUCHT

BUDDELSCHIFF-WORKSHOPS

(127 D2) (*D6*)

Unendlich geduldig ist Jürgen Kubatz, Buddelschiffbaumeister aus Boltenhagen. Einen ganzen Vormittag nimmt er sich bei seinen Buddelschiff-Workshops Zeit und betreut nur eine Handvoll Kinder gleichzeitig. „Damit die am Ende auch wirklich stolz sein und anderen erklären können, wie das Schiff in die Flasche kommt, lasse ich sie fast alles selber machen", sagt er. Auch wenn das mal länger dauert: Am Ende ist das Schiff dann in der Flasche. Ab 8 Jahren, Termin vorher vereinbaren. *Ab 15 Euro | Ostseeallee 23 | Tel. 038825 2 90 62*

Kinder brauchen nicht viel Programm, schon gar nicht am Meer. Doch die Eltern manchmal schon ...

ROSTOCK UND UMGEBUNG

KINDER FÜHREN KINDER DURCHS MÜNSTER BAD DOBERAN

(128 C3) (*🗺 G5*)

Ein halbes Jahr haben sich die 8- bis 15-jährigen Guides vorbereitet, ehe sie das erste Mal eine Kindergruppe durchs Münster führen. Ob es um den Hochaltar oder eher um das Leben im Kloster geht, entscheiden sie selbst. Und bringen ihre eigenen Perspektiven in die Führungen ein. *Sa 11 Uhr, Juli, Aug. auch Di | Erw. 4 Euro, Kinder 1,50 Euro, Familien 8 Euro | short.travel/omv25*

MARINE SCIENCE CENTER

(129 D2) (*🗺 G4*)

Seehunde! Für manche wird hier vielleicht ein Traum wahr. Denn die Mitarbeiter des Forschungsinstituts der Uni Rostock gehen mit Kindern ab 8 Jahren (und Erwachsenen) sogar ins Wasser, um INSIDER TIPP mit den Seehunden zu schwimmen. Nicht nass werden Sie beim Angebot „Seehunde hautnah“, wo Sie in kleinen Gruppen dicht bei Seehunden und Trainern das Training verfolgen. Für beide Angebote müssen Sie sich mindestens eine Woche im Voraus per E-Mail anmelden, Preis auf Anfrage. Spontan ist der Besuch während der Öffnungszeiten möglich. Einführungsvorträge gibt es zwischen 11 und 15 Uhr jeweils zur vollen Stunde. *Mai–Okt. tgl. 10–16, April 10–15, Nov. Do–So 10–15 Uhr | Eintritt Erw. 6,50 Euro, Kinder 4 Euro, Familien 15 Euro | Am Yachthafen 3a | Warnemünde | www.marine-science-center.de*

MOLLI ★ (128 B–C 2–3) (*🕮 F–G5*)

Weil sie faucht und pfeift, zuckelt und ruckelt, lieben alle Kinder die Bäderbahn Molli. Und die Erwachsenen auch. Die dampfbetriebene Schmalspur-Museumsbahn fährt zwischen Bad Doberan, Heiligendamm und Kühlungsborn. Wer möchte, darf auch bei Heizer und Lokführer im Führerhaus mitfahren *(nach Anmeldung | 40 Euro/Pers.). Fahrplan s. Website | Rückfahrkarte Erwachsene ab 10 Euro, Kinder ab 7 Euro, Familien ab 15 Euro | www.molli-bahn.de*

ZOO ROSTOCK (129 D3) (*🕮 G5*)

Überall Bäume. Der Besuch im Rostocker Zoo fühlt sich an wie ein Waldspaziergang. Und was hockt da oben in der Kiefer? Ein Orang-Utan! Das *Darwineum* hat die Evolutionsgeschichte für Kinder spannend aufbereitet. 2018 wurde das *Polarium* eröffnet, wo Eisbären- und Pinguine leben. Insgesamt hat der Zoo 4000 Tiere aus 380 verschiedenen Arten als Bewohner. *Tgl. März, April, Sept., Okt. 9–17, Mai–Aug. 9–18, Nov.–Feb. 9–16 Uhr | Eintritt Erw. 16 Euro, Kinder ab 4 Jahren 9,50 Euro, Familien 49 Euro | Eingänge:*

Eine Fahrt mit der Bäderbahn Molli begeistert nicht nur kleine Kinder

Barnstorfer Ring und Trotzenburg | www.zoo-rostock.de

FISCHLAND, DARSS, ZINGST

MAX-HÜNTEN-HAUS

(130 B1) (🕮 K2)

Die richtige Adresse (nicht nur) an Regentagen: Das Max-Hünten-Haus stellt nicht nur Fotografien aus, sondern hat auch eine Bibliothek mit toller Kinderabteilung. Hier können Sie Bücher, Filme und Spiele ausleihen. Und es bietet Kinderkurse und -veranstaltungen, z. B. Theater, an. *16. März–Okt. tgl. 10–18, Nov.–15. März bis 17 Uhr | Schulstr. 3 | Zingst | www.erlebniswelt-fotografie-zingst.de*

RÜGEN, HIDDENSEE, STRALSUND

ERLEBNISBAUERNHOF KLIEWE

(132 B3) (🕮 M2)

Der Geflügelhof auf der Halbinsel Ummanz liegt ein bisschen ab vom Schuss. Aber weil hier Katzen und Hunde, Lamas, Kaninchen, Hamster und Ponys gestreichelt und gefüttert werden dürfen, lohnt sich ein Ausflug. Der Hof verleiht Räder und Anhänger für Ausflüge in die Umgebung, hat ein Café und bietet Treckerfahren und Reitstunden (Eltern-Kind-Reitstunde 35 Euro) an. Ihre Kinder können nach Absprache auch bei Ponyhofrallyes und Schatzsuchen mitmachen. *Tgl. | Eintritt frei | Mursewiek 1 | Tel. 038305 530010 | www.bauernhof-kliewe.de*

USEDOM, GREIFSWALD, LASSANER WINKEL

BURG KLEMPENOW

(134 A5) (🕮 N7)

Auf der mittelalterlichen Burg, 37 km südlich von Greifswald, steigt man mehrere Treppen hoch, vorbei an einem alten Abtritt und gemauertem Kamin, und schaut dann vom Turm weit übers Land. Kinder müssen hier gut festgehalten werden, sind aber meist schwer begeistert. Eine echte Burg! Die Betreiber organisieren regelmäßig Kinderspiel- und Kinderbautage, die von der Wahnsinnsatmosphäre der Burg und der Lage direkt an der Trebel leben. Infos zum Kinderprogramm bei Juliane Grefe und Michael Mai *(Tel. 039993–76804)* oder auf der Website. *Fr–So 11–18 Uhr | Eintritt frei | Breest | www.burg-klempenow.de*

HEIMATTIERPARK GREIFSWALD

(134 A2) (🕮 N5)

Während im Baum über Ihnen ein Pfau schreit, beobachten Ihre Kinder Nutrias, Kängurus oder Erdmännchen, füttern Karpfen und Esel. Am Wasserspielplatz pumpt der Nachwuchs, baut Wasserstraßen und lässt Quellen versiegen, bevor er INSIDER TIPP mit einem Seilfloß über einen knöcheltiefen Teich schippert. *Mai–Sept. tgl. 9–18, April, Okt. 9–17, Nov.–März 10–16 Uhr | Eintritt Erw. 5, Kinder ab 3 Jahren 2,50, Familien ab 12 Euro | Anlagen 3 | www.tierpark-greifswald.de*

PROMENADENHALLE ZINNOWITZ

(135 D2) (🕮 P5)

Wenn Ihre Kinder Halligalli und Sie einen Kontrast zur Ruhe und guten Luft wollen, dann ist Zeit für die Promenadenhalle. Gleich eine ganze Hüpfburg bauen die Betreiber in der Nachsaison hier auf. Auch sonst schreit hier alles: „Guck mal!" Fische schwimmen im großen Becken, auf dem auch ein Holzschiff schaukelt, in einem *3-D-Kino (Eintritt Erw. 5,50 Euro, Kinder 4 Euro)* werden Vorstellungen für Erwachsene und Kinder gezeigt. Und es gibt das *Lift-Café*, das einmal in der Stunde abhebt und 25 m hoch in die Luft fährt. *Tgl. | Eintritt frei | Neue Strandstr. 30a | www.promenadenhalle.de*

EVENTS, FESTE & MEHR

EVENTS & NEWS

→ S. 2/3

Feiern Sie mit: Fast alle Städte und Urlaubsorte an der Küste haben ihre eigenen Feste und Großveranstaltungen.

VERANSTALTUNGEN

(FAST) GANZJÄHRIG

In Heiligendamm im Rahmen eines Kurzkonzerts Geschichten aus dem Grandhotel hören oder auf der Insel Poel ein Klarinettenkonzert in einer Scheune genießen: Bei den ★ ***Festspielen Mecklenburg-Vorpommern*** lässt der musikalische Glanz auch die Spielorte leuchten. Zu Recht, denn das sind häufig denkmalgeschützte, historisch bedeutsame Kirchen und Schlösser, aber auch Industriebauten und Parks. *Tickettel. 0385 5 91 85 85 | www.festspiele-mv.de*

APRIL/MAI

Quer durch den Nationalpark geht die Strecke des ***Darß-Marathons***. Wer mitlaufen will, muss sich rechtzeitig anmelden. *www.darss-marathon.de*

Nordischer Klang: Nordische Comichelden, Jazzkönige, Punkstars finden ihre Bühne in Greifswald. Das Festival für Musik und Kunst aus Skandinavien steigt immer Anfang Mai für etwa zehn Tage. *www.nordischerklang.de*

MAI/JUNI

Auch internationale Gäste feiern in den drei mittelalterlichen Kirchen Greifswalds die ***Bachwoche***. Die Oratorien, Kantaten und Konzerte stehen jedes Jahr unter einem anderen Motto. *short.travel/omv26*

Kleinkunstfestival Usedom: Akrobaten, Feuerspucker, Clowns: Straßenkünstler aus der ganzen Welt sorgen immer zu Pfingsten in den gediegenen Usedomer Seebädern für Leichtigkeit. *www.kleinkunst-festival.de*

● ***Kunst offen:*** Raus aufs Land. 800 Künstlerinnen und Künstler lassen Sie am Pfingstwochenende in ihre Galerien und Werkstätten, Ateliers und Gärten, ermöglichen persönliche Gespräche und Einblicke. Ganz Mecklenburg-Vorpommern macht mit. *www.kunst-offen.com*

JUNI–AUGUST

Störtebeker-Festspiele: Es knallt und raucht rund um die Hansekoggen und Pferde kommen zum Einsatz, wenn das Freilufttheater in Ralswiek auf Rügen zwischen Ende Juni und Anfang September dramatische Geschichten rund um den Piraten Klaus Störtebeker erzählt. *www.stoertebeker.de*

Masten und Segel ohne Ende: Die ★ ***Hanse Sail Rostock,*** die immer in der

Anfang Mai ist Nordischer Klang, Adventsmarkt im Dezember. Und dazwischen immer irgendeine Veranstaltung

zweiten Augustwoche stattfindet, ist mit über 250 alten Schiffen eines der größten Treffen von Traditionsseglern im Ostseeraum. Dazu kommen etwa eine Million Menschen, die nur gucken oder auch mal mitfahren wollen. *www.hansesail.com*

SEPTEMBER

Bio-Landpartie: 50 Biohöfe im ganzen Land laden an einem Septemberwochenende zum Schafestreicheln, Kuchenessen und zur Hofbesichtigung. *www.bund-mecklenburg-vorpommern.de*

Studierende aus Wismar organisieren immer im September ein eintägiges Rock-Pop-Hip-Hop-Event. Beim *Campus Open Air* feiern um die 6000 Zuschauer vier bis fünf Bands.

NOVEMBER/DEZEMBER

Was passiert hinter der Grenze? Der ***Polenmarkt*** holt für eine Woche Ende November polnische Kunst nach Greifswald. *www.polenmarkt-festival.de*

Adventsmarkt Klempenow: Auf der *Burg Klempenow* (s. S. 115) erleben Sie einen verzauberten Adventssamstag. Mit Märchen am Kamin, heißen Waffeln, Kunsthandwerk und Musik. *www.burg-klempenow.de*

FEIERTAGE

1. Jan.	Neujahr
30. März 2018, 19. April 2019	Karfreitag
2. April 2018, 22. April 2019	Ostermontag
1. Mai	Tag der Arbeit
10. Mai 2018, 30. Mai 2019	Himmelfahrt
21. Mai 2018, 10. Juni 2019	Pfingstmontag
3. Okt.	Tag der Deutschen Einheit
31. Okt.	Reformationstag
25./26. Dez.	Weihnachten

LINKS, BLOGS, APPS & CO.

LINKS & BLOGS

short.travel/omv27 Ein Gefühl, wie Greifswald tickt, Einblicke in die Lokalpolitik und Veranstaltungstipps bekommen Sie über den Twitter-Account des Fleischervorstadt-Blogs

mein-usedom.blogspot.de Daran, dass Claudia Pautz Usedom sehr lieb hat, gibt es nach dem Lesen ihrer Einträge keine Zweifel mehr. Die Seite lohnt sich aufzurufen, wenn man wissen will, was auf Usedom gerade los ist

www.instagram.com/olivernieschulz Wenn sich die Urlaubsvorfreude noch nicht eingestellt hat, brauchen Sie nur die Instagram-Seite des Zingster Fotografen Oliver Nieschulz aufzurufen – Sonnenuntergänge in Dauerschleife lassen das Reisefieber langsam steigen

www.marcopolo.de/ostseekuestemv Ihr Online-Reiseführer mit allen wichtigen Informationen, Highlights und Tipps, interaktivem Routenplaner, spannenden News und Reportagen sowie inspirierenden Fotogalerien

short.travel/omv28 Wann die Kreuzfahrtschiffe, deren Namen so bombastische Worte wie „Magic", „Symphony" und „Celebrity" enthalten, ankommen oder abfahren, können Sie auf dieser Seite nachlesen. Und sich dann rechtzeitig an der Warnow positionieren und winken

short.travel/omv29 Polizeimeldungen, Pflaumenkuchenrezepte und Posts von Hobbylyrikern – all das findet nebeneinander auf dem Meta-Blog „Rostock-Blogs" statt

short.travel/omv30 Ein Tanker kommt gerade aus der Kadetrinne, die Fähre liegt noch im Hafen von Kloster auf Hiddensee. Und ein Haufen Yachten wartet auf die Brückenöffnung in Stralsund. Eine Seite, mit der Sie Schiffsbewegungen zwischen dem Fischland und der Hansestadt Greifswald verfolgen können – hilft auch bei Nach-dem-Urlaub-Blues

Egal, ob für Ihre Reisevorbereitung oder vor Ort: Diese Adressen bereichern Ihren Urlaub. Da manche sehr lang sind, führt Sie der short.travel-Code direkt auf die beschriebenen Websites. Falls bei der Eingabe der Codes eine Fehlermeldung erscheint, könnte das an Ihren Einstellungen zum anonymen Surfen liegen

VIDEOS & MUSIK

short.travel/omv31 Jede Metropole hat ja ihr Happy-Video. Klar, dass auch die Hauptstadt Vorpommerns da mitziehen musste

short.travel/omv32 Webcams sind so was wie virtuelle Gucklöcher an Sehnsuchtsorte. Mit dieser können Sie aufs Kap Arkona schauen. Menschen kommen und gehen wieder. Wie ändert sich das Wetter? Strandkleidung? Winterjacke! Und wow, da ist es ja immer noch hell!

webplayer.lohro.de Lohro ist ein professionell gemachtes, aber nicht kommerzielles Mitmachradio aus Rostock. Abseits des Mainstreams und mit lokalen Inhalten. Auf *www.lohro.de* können Sendungen auch nachgehört werden

short.travel/omv33 Der wichtigste Seemannsknoten. Auch wenn Sie nicht aufs Wasser wollen, lohnt es sich, den Palstek zu lernen. Dabei entsteht ein Auge, das sich nicht zuzieht – kann man immer mal gebrauchen!

short.travel/omv34 Nina Hagens größter Hit in der DDR „Du hast den Farbfilm vergessen" mit Ironie und Nonsens und viel 70er-Jahre-Nostalgie. Auch wenn kein Mensch mehr Farbfilme hat – vor dem Hiddensee-Urlaub trotzdem mal anhören. Hoch stand der Sanddorn am Strand von Hiddensee ...

APPS

Badewasser MV Wasser geschluckt? Wie sauber das Meer oder der Badesee so ist, das finden Sie mit dieser App heraus. Und auch ob Parkplätze, Restaurants und Toiletten in der Nähe sind

Cityguide Wismar Einen Gesamtüberblick von Wismar bekommen Sie mit dieser App. Sie finden Restaurants, Sehenswürdigkeiten, Unterkünfte und Infos über aktuelle Veranstaltungen

My Währung Sie wollen die polnische Seite von Usedom besuchen? Dann holen Sie sich diese App, die Ihnen den aktuellen Umrechnungskurs für den polnischen Zloty ausgibt

Verkehrsverbund-Warnow Die App des Rostocker Verkehrsverbunds, mit der Sie in die richtige S-Bahn, Straßenbahn oder Bus steigen

PRAKTISCHE HINWEISE

ANREISE

Die A 20 ist außer an wenigen Stunden im Hochsommer ein schneller Zubringer. Aber: Ab den Ausfahrten fließt der Verkehr oft zäh. Nach Usedom kommen Sie über die Wolgaster Brücke oder – aus Richtung Berlin – über die Zecheriner Brücke. Nach Rügen geht es über Stralsund und Strelasundbrücke oder per Glewitzer Fähre. Auf die Halbinsel Fischland-Darß-Zingst gelangen Sie aus östlicher Richtung über Barth und die Meiningenbrücke, aus dem Westen über Ribnitz-Damgarten. Auf Usedom und Fischland-Darß-Zingst gibt es jeweils eine einzige, häufig verstopfte Verbindungsstraße zwischen den Orten. Auch auf Rügen sind die Straßen zu den Hauptreisezeiten oft dicht.

GRÜN & FAIR REISEN

Auf Reisen können auch Sie viel bewirken. Behalten Sie nicht nur die CO_2-Bilanz für Hin- und Rückreise im Hinterkopf *(www.atmosfair.de; de.myclimate.org)* – etwa indem Sie Ihre Route umweltgerecht planen *(www.routerank.com)* – , sondern achten Sie auch Natur und Kultur im Reiseland *(www.gate-tourismus.de; www.ecotrans.de)*. Gerade als Tourist ist es wichtig, auf Aspekte wie Naturschutz *(www.nabu.de; www.wwf.de)*, regionale Produkte, wenig Autofahren, Wassersparen und vieles mehr zu achten. Wenn Sie mehr über ökologischen Tourismus erfahren wollen: europaweit *www.oete.de*; weltweit *www.germanwatch.org*

Am komfortabelsten reisen Sie per Bahn nach Usedom – die Usedomer Bäderbahn (UBB, *www.ubb-online.com*) fährt zwischen Züssow (auf der Bahnlinie Berlin–Stralsund) und Swinemünde jedes Seebad an. Rügen ist auf den Strecken Stralsund–Sassnitz und Stralsund–Binz gut über die Deutsche Bahn *(www.bahn.de)* angeschlossen. Fischland-Darß-Zingst erreichen Sie mit Bussen ab den Bahnhöfen Ribnitz-Damgarten und Barth.

Mit Fernbussen kommen Sie (ggf. mit Umsteigen) in alle größeren Städte und auf die Inseln. Informationen im Überblick unter *www.busliniensuche.de* oder *www.checkmybus.de*.

Die nächsten größeren Flughäfen sind Berlin *(www.berlin-airport.de)* und Hamburg *(www.flughafen-hamburg.de)*. Vom Flughafen in Heringsdorf *(www.flughafen-heringsdorf.de)* gibt es saisonale Verbindungen nach Basel, Dortmund, Düsseldorf, Frankfurt, Linz und Stuttgart. Der Flughafen in Rostock-Laage *(www.rostock-airport.de)* hat ein eingeschränktes Angebot an nationalen und internationalen Zielen.

AUSKUNFT

TOURISMUSVERBAND MECKLENBURG-VORPOMMERN

Konrad-Zuse-Str. 2 | 18057 Rostock | Tel. 0381 4 03 05 50 | www.auf-nach-mv.de

BADEWASSERQUALITÄT

Probleme mit der Wasserqualität gibt es entlang der Küste selten, überwiegend ist sie gut oder sehr gut. Fast 500 Badestellen werden fünfmal im Jahr staatlich untersucht. Die Ergebnisse sehen Sie auf *www.badewasser-mv.de*.

FÄHREN

Fähren nach Schweden, Litauen und Dänemark fahren ab Rostock *(short.travel/omv35)* und ab Neu Mukran auf Rügen *(short.travel/omv36)*. Nach Hiddensee *(www.reederei-hiddensee.de)* fahren Sie ab Schaprode auf Rügen und ab Stralsund. Zwischen Glewitz auf Rügen und Stahlbrode pendelt im Sommerhalbjahr eine Autofähre *(short.travel/omv37)*. Ausflugsschiffe zu anderen Seebädern oder Rundfahrten zu Landschaftszielen fahren von fast allen Ostseebädern, Informationen bekommen Sie vor Ort oder vorab bei der Touristinformation.

FAHRRÄDER

Das beschränkte Parkplatzangebot in den Küstenorten spricht für das Fahrrad. Wenn Sie nicht Ihr eigenes Rad mitbringen, macht Sie der Fahrradverleih, den es in fast jedem Ort gibt, mobil. Er hat nicht nur Räder, sondern auch Zubehör wie Anhänger und Kindersitze im Angebot. Auf Usedom können Sie Räder außer in den Verleihgeschäften auch an den über 100 Stationen von *Usedomrad (www.usedomrad.de)* ausleihen.

FKK

Geht an den FKK-Strandabschnitten der Seebäder. In der Nebensaison und an wenig genutzten Stränden wird unaufdringliches Nacktbaden meist auch an allgemeinen Badestellen toleriert.

GESUNDHEIT

Rostock und Greifswald haben Universitätskliniken, kleinere Krankenhäuser gibt es auch in Wolgast, Stralsund, Ribnitz-Damgarten, Wismar und Bergen auf Rügen. Die Ärzte in den Küstenorten sind auf Gastpatienten eingestellt, Infos zur nächsten Praxis und den Öffnungszeiten erhalten Sie in Ihrer Unterkunft oder bei der Touristinformation.

INTERNET/WLAN

In den meisten Pensionen und Hotels können Sie WLAN nutzen, ansonsten gilt die Faustregel: Je kleiner der Ort, desto weniger Breitband ist vorhanden.

KLEIDUNG

Auch wenn die Region die meisten Sonnentage Deutschlands hat, gehören neben Sonnencreme, -brille und einer

WAS KOSTET WIE VIEL?

Schiffsfahrt	15 Euro *ab Usedom/Rügen*
Souvenir	10 Euro *für ein Lederarmband mit Bernstein*
Kaffee	3,50 Euro *für einen Cappuccino*
Imbiss	4 Euro *für ein Fischbrötchen*
Kurtaxe	1–3 Euro *pro Tag/Hauptsaison*
Strandkorb	8–24 Euro *pro Tag*

leichten Kopfbedeckung Wind- und Regenjacke ins Gepäck. Zudem kann eine warme Mütze gute Dienste leisten, denn der Wind weht oft und mitunter stark.

KURTAXE

Je nach Ferienort zahlen Sie in der Hauptsaison 1–3 Euro Kurtaxe pro Tag, teilweise wird auch für Hunde eine Gebühr verlangt. Die Kurtaxe wird meist von den Vermietern eingezogen, Tagesgäste entrichten sie bei den Kurverwaltungen oder an Automaten am Strand. Auf Hiddensee wird die erste Tagesgebühr schon mit der Überfahrt bezahlt.

NOTRUFE

Polizei Tel. 110
Feuerwehr, Notarzt Tel. 112

ÖFFENTLICHE VERKEHRSMITTEL

Außerhalb der touristischen Regionen an der Küste, im ländlichen Binnenland, ist das Angebot des ÖPNV nur mittelmäßig bis schlecht. Für Ausflüge in die Umgebung sollten Sie sich daher besser vorher über Verbindungen informieren. Eine gute Infrastruktur gibt es aber in den Städten und teilweise auch zwischen den Badeorten. Dann auch oft mit Sommerfahrplänen oder besonderen touristischen Angeboten wie der Bäderbahn *Molli* (s. S. 114) zwischen Bad Doberan, Heiligendamm und Kühlungsborn oder dem *Rasenden Roland* (s. S. 70) auf Rügen. Die Verkehrsverbünde in Mecklenburg-Vorpommern haben unter *www.vmv-mbh.de* eine gemeinsame Auskunftsseite eingerichtet.

WETTER IN GREIFSWALD

	Jan.	Feb.	März	April	Mai	Juni	Juli	Aug.	Sept.	Okt.	Nov.	Dez.
Tagestemperaturen in °C	2	3	6	11	16	20	22	21	18	13	7	4
Nachttemperaturen in °C	-2	-2	0	3	7	11	13	13	10	7	3	0
Sonnenschein Stunden/Tag	2	2	4	6	8	8	7	6	6	3	2	1
Niederschlag Tage/Monat	18	15	13	14	12	14	15	16	15	17	18	18
Wassertemperaturen in °C	3	2	3	5	9	14	17	17	15	12	8	5

 Sonnenschein Stunden/Tag Niederschlag Tage/Monat Wassertemperaturen in °C

ÖFFNUNGSZEITEN

Dank der Bäderregelung haben viele Geschäfte zwischen dem 15. März und dem ersten Wochenende im November auch am Sonntag auf. Einkaufen ist dann grundsätzlich zwischen 12 und 18 Uhr möglich. Mo–Sa gelten in der Regel Kernöffnungszeiten zwischen 10 und 18 Uhr. Achtung: Die Öffnungszeiten schwanken im Jahresverlauf auch während der Woche häufig. Im Winter gibt es oft nur ein eingeschränktes Angebot. Manche Läden und Restaurants sind dann auf Wochenendurlauber eingestellt und öffnen nur in der zweiten Wochenhälfte. In der Winterzeit nehmen außerdem viele Inhaber von kleineren Läden oder Pensionen ihren Jahresurlaub, machen für mehrere Wochen oder Monate zu und/oder öffnen nur ein paar Stunden am Tag.

PARKEN

Parkplätze sind umkämpft und werden von jeder Gemeinde in Eigenregie organisiert. Die Kosten für Parkscheine variieren stark je nach Parkplatzangebot und -nachfrage. Viele Hotels und Pensionen halten Parkplätze für ihre Mieter vor.

POLEN

Für die Einreise nach Polen brauchen Sie nur Reisepass oder Personalausweis, Kinder einen Kinderreisepass. In Swinemünde können Sie Zloty in Wechselstuben tauschen oder mit EC-Karte am Geldautomaten abheben. Um übermäßige Gebühren beim Geldabheben oder der Bezahlung mit EC-Karte zu verhindern, am Automaten angeben, dass Sie keine „Dynamic Currency Conversion" wünschen – ansonsten werden zehn Prozent mehr fällig, als der Umsatzkurs berechnet. Meist können Sie bequem mit Kreditkarte zahlen, teilweise auch bar in Euro.

UMWELT- & NATURSCHUTZ

Viele sensible Brut- und Vogelschutzgebiete, Biosphärenreservate, Naturparks und auch der Nationalpark Vorpommersche Boddenlandschaft liegen entlang der Küste. Häufig stehen touristische und Umweltinteressen miteinander in Konkurrenz. Beachten Sie die Vorschriften, bleiben Sie auf den Wegen und betreten Sie die Kernzone des Nationalparks nicht, damit die störanfällige Tier- und Pflanzenwelt sich entwickeln kann.

UNTERKÜNFTE

Die Bandbreite an Unterkünften ist riesig: Private Vermieter bieten Zimmer oder Ferienwohnungen an, Sie können Ferien auf dem Bauernhof machen, in Jugendherbergen, Pilgerunterkünften oder Hostels schlafen, Hotels und Pensionen buchen. Eine erste Übersicht finden Sie bei der Touristinformation Ihres Zielorts oder auf einer Überblicksseite im Netz, z. B. *www.m-vp.de/unterkunft*.

VERANSTALTUNGEN

Viele Städte betreiben auf ihrer Website einen Veranstaltungskalender, den Sie bei der jeweiligen Touristinformation auch in der Printversion erhalten. Einen Überblick bekommen Sie auf *short.travel/omv38* oder *www.waswannwo-mv.de*. Aktuelle Tipps lesen Sie auch in der Tageszeitung. Die „Ostsee-Zeitung" mit Mantelredaktion in Rostock produziert Regionalausgaben in Greifswald, Grevesmühlen, Ribnitz-Damgarten, Rügen, Stralsund, Usedom und Wismar. Der „Ozelot", das Veranstaltungsmagazin dieser Zeitung, erscheint donnerstags.

REISEATLAS

Verlauf der Erlebnistour „Perfekt im Überblick"
Verlauf der Erlebnistouren

Der Gesamtverlauf aller Touren ist auch in der herausnehmbaren Faltkarte eingetragen

 Bild: Hafen in Althagen, Ahrenshoop

Unterwegs an der Ostseeküste

Die Seiteneinteilung für den Reiseatlas finden Sie auf dem hinteren Umschlag dieses Reiseführers

A
B
C
Lübecker Bucht
OST
Malmö, Trelleborg
Liepaja, Riga, Hel
Sassnitz, Ventspi
Neustadt i. H.
Neustadt in Holstein
Rettin
Pelzerhaken
Övelgönne
Süsel
Wintershagen
Neustädter Bucht
Hansa-Park
Sierksdorf
Haffkrug
Scharbeutz
Eutin
Ostseebäderstraße
Ostsee-Therme
Timmendorfer Strand
Sea-Life
Pansdorf
Niendorf
Brodten
Brodtener Steilufer
Klein Timmendorf
Groß Timmendorf
Vogelpark
Hemmelsdorf
Hemmelsdorfer See
Warnsdorf
TRAVEMÜNDE
Ratekau
Wilmsdorf
Teutendorf
Grammersdorf
Priwall
Pötenitz
Skandinavienkai
Pötenitzer Wiek
Offendorf
Ovendorf
Ivendorf
Pöppendorf
Bad Schwartau
Sereetz
KÜCKNITZ
Käsestraße
HERRENWYK
Dr. Bad Schwartau
HL-Siems
ISRAELSDORF
Trave
SCHLUTUP
ST. GERTRUD
LÜBECK
EICHHOLZ
ST. JÜRGEN
Palingen
Lüdersdorf
Herrnburg
Wakenitz
Strecknitz
Klein Grönau
Groß Grönau
LBC
Blankensee
Gr. Sarau
Deutsche Ferienroute Alpen-Ostsee
Hornstorf
Groß Sarau
Utecht
Campow
Ratzeburger See
Buchholz
Mechower See
Naturpark
Mechow
Einhaus
Römnitz
Bäk
St. Georgsberg
Kultur-Bf.
Küchensee
Fredeburg
Schmilau
Ratzeburg
Lauenburgische Seen
Salem
Kogel
Horst
Brunsmark
Mölln
Lüttauer See
Neuhorst
Sterley
Lauenburg
Lehmrade
Drüsensee
Kehrsen
Käsestraße
Gudow
Sophienthal
Klein Zecher
Boize
Zarrentin a. Schaalsee
Testorf
Draisinenbetrieb
Seedorf
Schaalsee
Groß Zecher
Hollenbek
Marienstedt
Stintenburg
Techin
Dargow
Bresahn
Niendorf
Lüneburger Berg
Kittlitz
Ziethen
Mustin
Goldensee
Groß Thurow
Klein Thurow
Dutzow
Klein Salitz
Biosphärenreservat Schaalsee
Kneese
Kneese Dorf
Lassahn
Stintenburger Hütte
Schönwolde
Neu Steinbeck
Rögnitz
Stöllnitz
Bentin
Neuenkirchen
Drönnewitz
Neuhof
Boissow
Tessin
Döbbersen
Raguth
Wittendörp
Boddin
Pogreß
Woez
Woezer See
Dümmer
Alt Steinbeck
Renzow
Schildetal
Badow
Krembz
Groß Salitz
Radegast
Pokrent
Wakenstädt
Ganzow
Gadebusch
Roggendorf
Meetzen
Möllin
Güstow
Passow
Paetrow
Buchholz
Holdorf
Breesen
Röggelin
Dechow
Lankower See
Schlagsdorf
Schlagbrügge
Groß Molzahn
Röggeliner See
Klocksdorf
Demern
Königsfeld
Kuhlrade
Klein Molzahn
Carlow
Schaddingsdorf
Nesow
Warnekow
Benzin
Groß Hundorf
Köchelstorf
Kirch Grambow
Wedendorfersee
Wedendorf
Brützkow
Kasendorf
Rehna
Bülow
Löwitz
Othenstorf
Blieschendorf
Vitense
Strohkirchen
Jeese
Hanshagen
Sievershagen
Bernstorf
Büttlingen
Woitendorf
Bonnhagen
Grieben
Menzendorf
Lübsee
Roduchelstorf
Schönberg
Torisdorf
Falkenhagen
Klein Rünz
Groß Rünz
Samkow
Stove
Cronscamp
Lindow
Ollndorf
Törpt
Groß Siemz
Niendorf
Sabow
Klein Siemz
Rupensdorf
Petersberg
Bechelsdorf
Biotin
Resdorf
Neschow
Wendorf
Rieps
Thandorf
Schlagresdorf
Schlagsülsdorf
Schattin
Groß Neuleben
Duvennest
Wahrsow
Lüdersdorf
Lockwisch
Schönberg
Maurine
Kleinfeld
Sagen- und Märchenstraße
Selmsdorf
Sülsdorf
Zarnewenz
Teschow
Dassower See
Benckendorf
Volkstorf
Johannstorf
Wischendorf
Dassow
Schwanbeck
Prieschendorf
Malzow
Groß Bünsdorf
Rodenberg
Kleinbünsdorf
Rottensdorf
Blüssen
Papenhusen
Stepenitztal
Kirch Mummendorf
Hof Mummendorf
Börzow
Schmachthagen
Mallentin
Gostorf
Tramm
Moor
Groß Voigtshagen
Roggenstorf
Wilmstorf
Tankenhagen
Klein Voigtshagen
Welzin
Damshagen
Hof Reppenhagen
Rankendorf
Kühlenstein
Neuenhagen
Goldbeck
Arpshagen
Klützer Winkel
Kalkhorst
Rosenhagen
Harkensee
Groß Schwansee
Brook
Warnkenhagen
Hohen Schönberg
Elmenhorst
Grundshagen
Steinbeck
Redewisch
Boltenhagen

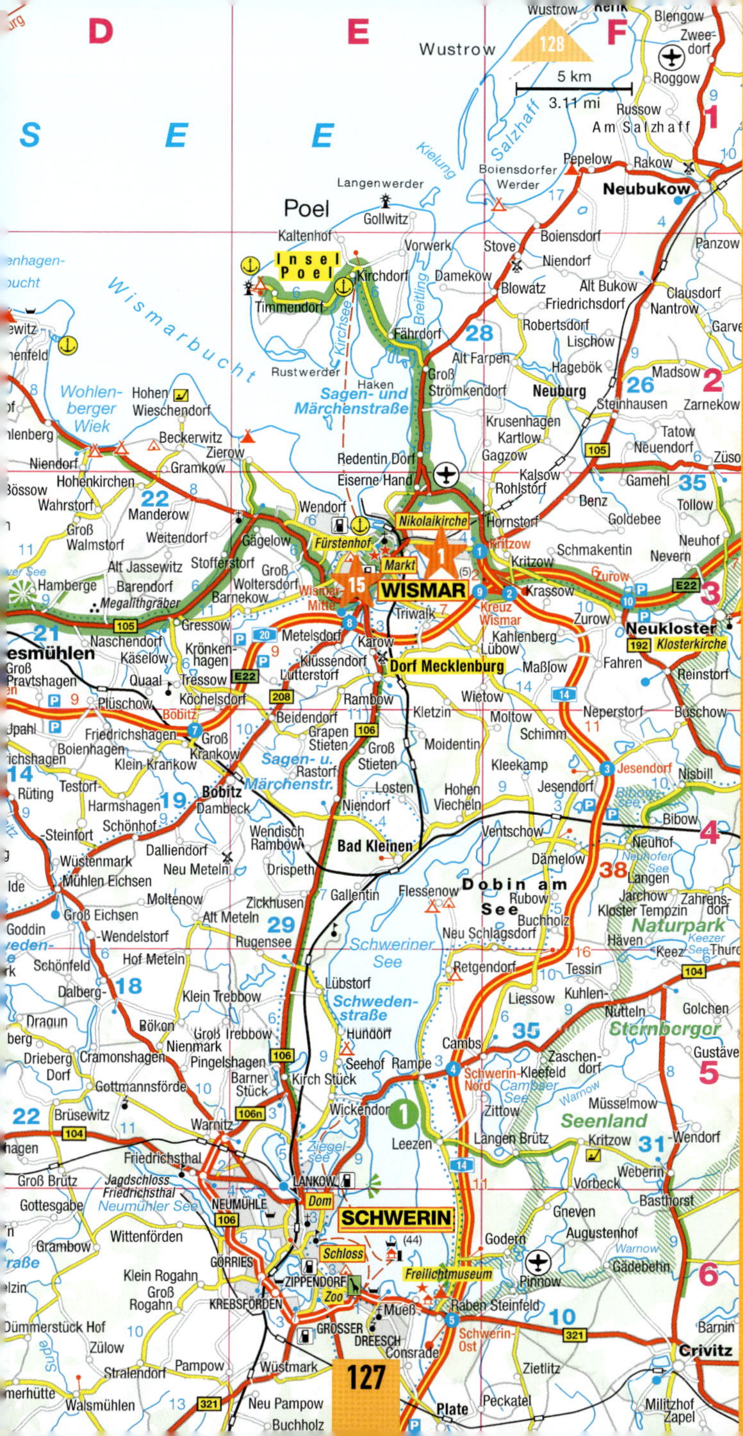
D
E
F
S E E E
128
5 km
3.11 mi
Wustrow
Blengow
Zweedorf
Roggow
Russow
Am Salzhaff
Salzhaff
Kielung
Pepelow
Rakow
Neubukow
Boiensdorfer Werder
Langenwerder
Poel
Gollwitz
Kaltenhof
Insel Poel
Kirchdorf
Timmendorf
Vorwerk
Stove
Boiensdorf
Niendorf
Panzow
Damekow
Blowatz
Alt Bukow
Friedrichsdorf
Clausdorf
Nantrow
Garve
Wismarbucht
Kirchsee
Breitling
Fährdorf
Robertsdorf
Lischow
Rustwerder
Alt Farpen
Groß Strömkendorf
Hagebök
Madsow
Haken
Sagen- und Märchenstraße
Neuburg
Steinhausen
Zarnekow
Wohlenberger Wiek
Hohen Wieschendorf
Krusenhagen
Kartlow
Tatow
Neuendorf
Beckerwitz
Zierow
Gagzow
Redentin Dorf
Kalsow
Gramkow
Niendorf
Eiserne Hand
Rohlstorf
Gamehl
Hohenkirchen
Wahrstorf
Manderow
Benz
Tollow
Wendorf
Nikolaikirche
Hornstorf
Goldebee
Groß Walmstorf
Weitendorf
Gägelow
Fürstenhof
Kritzow
Schmakentin
Neuhof
Nevern
Alt Jassewitz
Stofferstorf
Markt
Kritzow
Hamberge
Barendorf
Groß Woltersdorf
Wismar Mitte
WISMAR
Krassow
Zurow
Megalithgräber
Barnekow
Triwalk
Kreuz Wismar
Zurow
Neukloster
Klosterkirche
Gressow
Naschendorf
Metelsdorf
Karow
Kahlenberg
Lübow
Käselow
Krönkenhagen
Klüssendorf
Dorf Mecklenburg
Maßlow
Fahren
Reinstorf
Groß Pravtshagen
Quaal
Tressow
Lutterstorf
Rambow
Wietow
Neperstorf
Buschow
Plüschow
Bobitz
Köchelsdorf
Beidendorf
Kletzin
Moltow
Friedrichshagen
Groß Krankow
Grapen Stieten
Groß Stieten
Moidentin
Schimm
Boienhagen
Klein Krankow
Sagen- u. Märchenstr.
Rastorf
Kleekamp
Jesendorf
Nisbill
Rüting
Testorf
Bobitz
Losten
Hohen Viecheln
Jesendorf
Bibowsee
Harmshagen
Dambeck
Niendorf
Bibow
Schönhof
Wendisch Rambow
Steinfort
Bad Kleinen
Ventschow
Neuhof
Wüstenmark
Dalliendorf
Neu Meteln
Drispeth
Dämelow
Neuhofer See
Mühlen Eichsen
Langen Jarchow
Zahrensdorf
Moltenow
Zickhusen
Gallentin
Flessenow
Dobin am See
Rubow
Kloster Tempzin
Groß Eichsen
Alt Meteln
Buchholz
Naturpark
Goddin
Wendelstorf
Rugensee
Schweriner See
Neu Schlagsdorf
Häven
Keez
Keezer See
Schönfeld
Hof Meteln
Retgendorf
Tessin
Lübstorf
Dalberg
Klein Trebbow
Schwedenstraße
Liessow
Kuhlen
Nutteln
Golchen
Dragun
Hundorf
Bökow
Groß Trebbow
Sternberger
Cambs
Gustävel
Drieberg
Cramonshagen
Nienmark
Pingelshagen
Seehof
Rampe
Zaschendorf
Dorf
Barner Stück
Kirch Stück
Schwerin-Nord
Kleefeld
Gottmannsförde
Camser See
Warnow
Zittow
Müsselmow
Brüsewitz
Wickendorf
Seenland
Warnitz
Leezen
Langen Brütz
Kritzow
Wendorf
Friedrichsthal
Ziegelsee
Weberin
Groß Brütz
Jagdschloss Friedrichsthal
Lankow
Vorbeck
Basthorst
Gottesgabe
Neumühler See
Neumühle
Dom
SCHWERIN
Gneven
Grambow
Wittenförden
Augustenhof
Godern
Warnow
Schloss
Görries
Gädebehn
Pinnow
Klein Rogahn
Zippendorf
Freilichtmuseum
Groß Rogahn
Krebsförden
Zoo
Mueß
Raben Steinfeld
Dümmerstück Hof
Grosser Dreesch
Schwerin-Ost
Barnin
Zülow
Sude
Conrade
Crivitz
Pampow
Stralendorf
Wüstmark
Zietlitz
Walsmühlen
Neu Pampow
Buchholz
Plate
Peckatel
Militzhof
Zapel

A
B
C
1
2
3
4
5
6
5 km
3.11 mi
Mecklenburger
OSTSEE
Kühlungsborn
Dampfbetr. Schmalspurbahn Molli
Kühlungsborn West
Kägsdorf
Meschendorf
Kühlungsborn Ost
Heiligendamm
Börgerend
Wittenbeck
Vorder Bollhagen
Bastorf
Mechelsdorf
Rerik
Steffenshagen
Klosterkirche
Wustrow
Blengow
Diedrichshagener B.
Diedrichshagen
Jennewitz
Brodhagen
Kühlung
Zweedorf
Biendorf
Gersdorf
Reddelich
Hohenfelde
Roggow
Kröpelin
Russow
Körchow
Jörnstorf
Am Salzhaff
Salzhaff
Kielung
Denkmalh
Retschow
Schmadebeck
Boiensdorfer Werder
Pepelow
Rakow
Westenbrügge
Neubukow
Altenhagen
Gollwitz
Carinerland
Boiensdorf
Krempin
Rederank
Heiligenha
Vorwerk
Stove
Niendorf
Panzow
Alt Karin
Kirchdorf
Damekow
Blowatz
Alt Bukow
Ravensberg
Neu Karin
Kamin
Gerdshagen
Breitling
Friedrichsdorf
Clausdorf
Nantrow
Danneborth
Satow
Fährdorf
Robertsdorf
Garvensdorf
Moitin
Rosenhagen
Alt Farpen
Lischow
Klein Mulsow
Kirch Mulsow
Radegast
Kröpelin
Groß Strömkendorf
Hagebök
Madsow
Poel
Neuburg
Steinhausen
Zarnekow
Wakendorf
Passee
Klein Gischow
Sagen- und Märchenstraße
Krusenhagen
Kartlow
Tatow
Bäbelin
Berendshagen
Groß Gischow
Gagzow
Neuendorf
Züsow
Warnkenhagen
Gnemern
Kalsow
Rohlstorf
Gamehl
Fuchsberg
Glasin
Viezen
Benz
Tollow
Groß Tessin
Moltenow
Nikolaikirche
Hornstorf
Goldebee
Klein Sien
Bernitt
Kritzow
Schmakentin
Neuhof
Neukloster
Babst
Großtessiner See
Moisall
Markt
Nevern
Perniek
Hermannshagen
Kurzen Trechow
WISMAR
Krassow
E22
Triwalk
Kreuz Wismar
Zurow
Neukloster
Lüderstorf
Käterhagen
Langer-B.
Schlemmin
Karow
Kahlenberg
Lübow
Klosterkirche
Lübberstorf
Göllin
Jabelitz
Dorf Mecklenburg
Maßlow
Fahren
Reinstorf
Neuklostersee
Katelbogen
Stein
Sagen- und Märchenstr.
Wietow
Naturpark
Pennewitt
Qualitz
Klerzin
Moltow
Neperstorf
Büschow
Sternberger
Kiesenberg
Hof Rühn
Groß Stieten
Moidentin
Schimm
Großer Wariner See
Schependorf
Baumgarte
Kleekamp
Jesendorf
Nisbill
Mankmoos
Wendorf
Losten
Hohen Viecheln
Jesendorf
Warin
Seeland
Laase
Warnow
Bibow See
Klein Labenz
Großlabenzer See
Eickhof
Bad Kleinen
Bibow
Groß Labenz
Warnow
Neuhof
Dobin am See
Dämelow
Neuhofer See
Blankenberg
Eickelberg
Klein Raden
Langen Jarchow
Wipersdorf
Friedrichswalde
Penzin
Klein Görnow
127

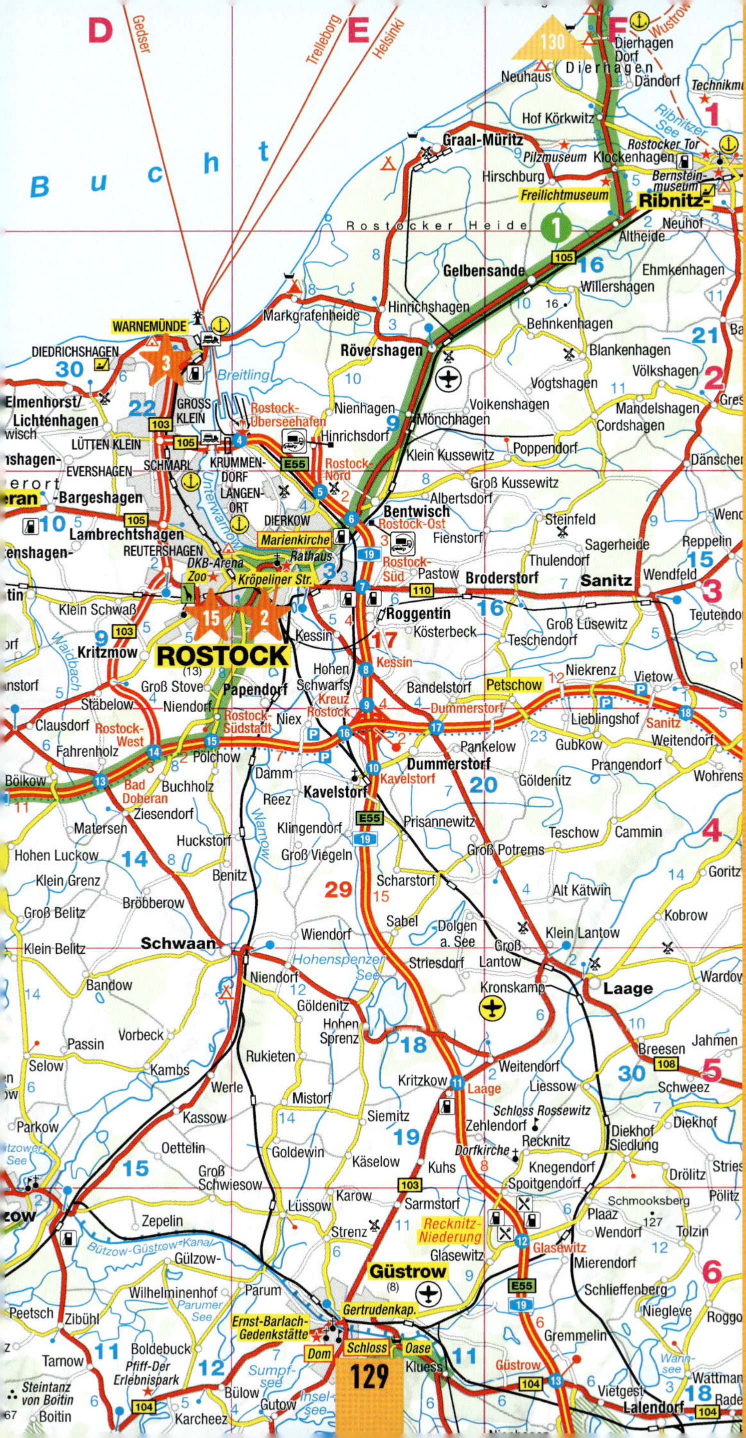
D
E
F
130
Gedser
Trelleborg
Helsinki
Wustrow
Dierhagen Dorf
Dierhagen
Neuhaus
Dändorf
Technikmu
Ribnitzer See
Hof Körkwitz
Graal-Müritz
Rostocker Tor
Pilzmuseum
Klockenhagen
Hirschburg
Bernstein-museum
Freilichtmuseum
Ribnitz-
Bucht
Rostocker Heide
Neuhof
Altheide
Gelbensande
Ehmkenhagen
Willershagen
Markgrafenheide
Hinrichshagen
Behnkenhagen
WARNEMÜNDE
DIEDRICHSHAGEN
Rövershagen
Blankenhagen
Völkshagen
Breitling
Vogtshagen
Elmenhorst/ Lichtenhagen
GROSS KLEIN
Rostock-Überseehafen
Nienhagen
Mönchhagen
Volkenshagen
Mandelshagen
Cordshagen
LÜTTEN KLEIN
Hinrichsdorf
Klein Kussewitz
Poppendorf
EVERSHAGEN
SCHMARL
KRUMMEN-DORF
Rostock-Nord
Dänschen
Bargeshagen
LANGEN-ORT
Groß Kussewitz
Albertsdorf
Unterwarnow
Lambrechtshagen
DIERKOW
Bentwisch
Rostock-Ost
Steinfeld
REUTERSHAGEN
Marienkirche
Fienstorf
Sagerheide
Reppelin
Rathaus
DKB-Arena
Rostock-Süd
Thulendorf
Zoo
Kröpeliner Str.
Pastow
Broderstorf
Sanitz
Wendfeld
Klein Schwaß
Roggentin
Teutendorf
Kössterbeck
Groß Lüsewitz
Kessin
Teschendorf
Waidbach
Kritzmow
ROSTOCK
Hohen Schwarfs
Niekrenz
Vietow
Groß Stove
Papendorf
Bandelstorf
Petschow
Stäbelow
Niendorf
Kreuz Rostock
Dummerstorf
Lieblingshof
Clausdorf
Rostock-Südstadt
Niex
Sanitz
Rostock-West
Pankelow
Gubkow
Weitendorf
Fahrenholz
Pölchow
Dummerstorf
Prangendorf
Bölkow
Damm
Kavelstorf
Göldenitz
Wohrens
Bad Doberan
Buchholz
Reez
Kavelstorf
Ziesendorf
Prisannewitz
Matersen
Klingendorf
Teschow
Cammin
Huckstorf
Warnow
Groß Viegeln
Groß Potrems
Hohen Luckow
Klein Grenz
Benitz
Scharstorf
Goritz
Alt Kätwin
Bröbberow
Groß Belitz
Sabel
Kobrow
Wiendorf
Dolgen a. See
Schwaan
Klein Lantow
Groß Lantow
Klein Belitz
Hohenspenzer See
Striesdorf
Niendorf
Laage
Wardow
Bandow
Kronskamp
Göldenitz
Hohen Sprenz
Passin
Vorbeck
Jahmen
Breesen
Selow
Rukieten
Kambs
Weitendorf
Kritzkow
Werle
Laage
Liessow
Schweez
Mistorf
Schloss Rossewitz
Kassow
Siemitz
Diekhof Siedlung
Zehlendorf
Diekhof
Parkow
Recknitz
Oettelin
Goldewin
Käselow
Dorfkirche
Groß Schwiesow
Kuhs
Knegendorf
Drölitz
Spoitgendorf
Pölitz
Karow
Schmooksberg
Sarmstorf
Lüssow
Plaaz
Zepelin
Wendorf
Tolzin
Strenz
Recknitz-Niederung
Bützow-Güstrow-Kanal
Glasewitz
Glasewitz
Gülzow-
Güstrow
Mierendorf
Wilhelminenhof
Parum
Schlieffenberg
Parumer See
Gertrudenkap.
Peetsch
Zibühl
Ernst-Barlach-Gedenkstätte
Niegleve
Roggow
Dom
Schloss
Oase
Gremmelin
Boldebuck
Tarnow
Pfiff-Der Erlebnispark
Sumpfsee
Kluess
Warinsee
Güstrow
Wattmann
Steintanz von Boitin
Bülow
Inselsee
Vietgest
Lalendorf
Boitin
Gutow
Karcheez
129

A
B
C
1
2
3
4
5
6
5 km
3.11 mi
Nationalpark
Vorpommersche
Darßer Ort
Prerow
Zingst
Müggenburg
Große Kirr
Oie
D a r ß
Rehberge
Wieck a. Darß
Bodstedter
Bodden
Bliesenrade
Born a. Darß
Bresewitz
Pruchten
Marienkirche
Bodstedt
Barth
Küstrow
Dabitz
Rubitz
Kordshagen
Flemendorf
Ahrenshoop
Althagen
Niehagen
Hohes Ufer
Wustrow
Michaelsdorf
Fuhlendorf
Neuendorf Heide
Hermannshagen-Heide
Saaler
Fischland
Bodden
Neuendorf
Hermannshof
Divitz-Spoldershagen
Kenz-Küstrow
Saal
Bartelshagen II b.Barth
Lüdershagen
Saatel
Karnin
Langendamm
Hessenburg
Martenshagen
Löbnitz
Dierhagen Dorf
Dierhagen
Beiershagen
Neuhof
Kindshagen
Langenhanshagen
Manschenhagen
Starkow
Technikmuseum
-Damgarten
Wiepkenhagen
Neuhof
Dändorf
Altenwillershagen
Ribnitzer See
Tempel
Rostocker Tor
Klockenhagen
Behrenshagen
Altenhagen
Schuenhagen
Bernstein-museum
Trinwillershagen
Neuenlübke
Neuseehagen
Hövet
Freilichtmuseum
Ribnitz-
Recknitz
-Daskow
Ahrenshagen-
Todenhagen
Alt Seehagen
Neuhof
Altheide
Schlemmin
Weitenhagen
Pantlitz
Ravenhorst
Behrenwalde
Tressentin
Kuhlrade
Ehmkenhagen
Gruel
Tribohm
Zornow
Millienhagen
Spiekersdorf
Poppendorf
Jahnkendorf
Camitz
Semlow
Bartelshagen I
Allerstorf
Leplow
Brünkendorf
Plennin
Völkshagen
Kloster Wulfshagen
Alt Guthendorf
Eixen
Katzenow
Hugoldsdorf
Mandelshagen
Gresenhorst
Marlow
Wohsen
Bisdorf
Cordshagen
Langer B.
Carlsruhe
Alt Steinhorst
Kavelsdorf
Rönkendorf
Drechow
Dänschenburg
Vogelpark
Schulenberg
Salzmuseum
Torflorenbahn
Landsdorf
Schwedenstraße
Krakow
Fahrenhaupt
Kneese Hof
Dettmannsdorf
Bad Sülze
Rekentin
Wendorf
Kölzow
Redderstorf
Kucksdorf
Tribsees
Reppelin
Sanitz
Wendfeld
Stubbendorf
Dudendorf
Schabow
Langsdorf
Teutendorf
Ehmkendorf
Gnewitz
Stormstorf
Böhlendorf
Tribsees
Stremlow
Techlin
Zarnewanz
Liepen
Lindholz
Vietow
Helmstorf
Alt Stassow
Thelkow
Bad-Sülze
Breesen
Grammow
Trebelkanal
Fäsekow
Recknitz
Sanitz
Weitendorf
Tessin
Schwedenstraße
Kowalz
Behren-Lübchin
Tangrim
Bassendorf
Vilz
Viecheln
Neu Quitzenow
Prangendorf
Wohrenstorf
Nustrow
Bäbelitz
Tessin
Samow
Alt Quitzenow
Basse
Wasdow
Drüsewitz
Selpin
Woltow
Cammin
Groß Nieköhr
Warbelow
Warbel
Goritz
Wesselstorf
Gnoien
Bobbin
129

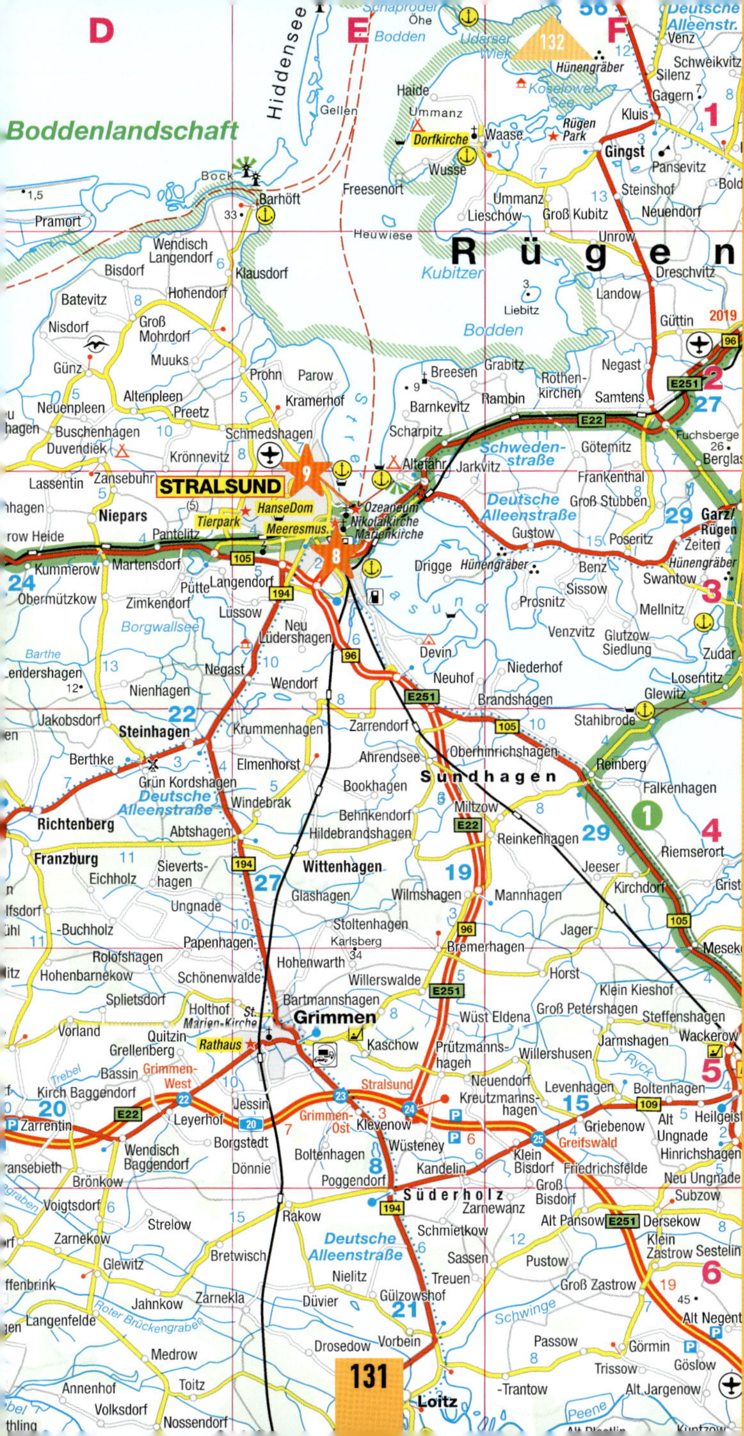

D
E
F
132
Boddenlandschaft
Hiddensee
Schaproder Bodden
Öhe
Udarser Wiek
Hünengräber
Deutsche Alleenstr.
Venz
Schweikvitz
Silenz
Gagern
Koselower See
Haide
Gellen
Ummanz
Dorfkirche
Waase
Rügen Park
Kluis
Gingst
Pansevitz
Wusse
Bock
Barhöft
Freesenort
Ummanz
Lieschow
Groß Kubitz
Steinshof
Neuendorf
Bold
Pramort
Heuwiese
Unrow
Rügen
Wendisch Langendorf
Klausdorf
Kubitzer Bodden
Dreschvitz
Bisdorf
Liebitz
Batevitz
Hohendorf
Landow
Nisdorf
Groß Mohrdorf
Güttin
2019
Günz
Muuks
Grabitz
Negast
Prohn
Parow
Breesen
Rothenkirchen
E251
Neuenpleen
Altenpleen
Kramerhof
Barnkevitz
Rambin
Samtens
Preetz
Buschenhagen
Duvendiek
Schmedshagen
Scharpitz
E22
Fuchsberge
Krönnevitz
Altefähr
Jarkvitz
Schwedenstraße
Götemitz
Berglase
Lassentin
Zansebuhr
STRALSUND
Frankenthal
Niepars
HanseDom
Tierpark
Ozeaneum
Nikolaikirche
Meeresmus.
Marienkirche
Deutsche Alleenstraße
Groß Stubben
Garz/ Rügen
Zeiten
Gustow
Poseritz
Pantelitz
Kummerow
Martensdorf
105
Drigge
Hünengräber
Benz
Hünengräber
Swantow
Pütte
Langendorf
Sissow
Obermützkow
Zimkendorf
194
Strelasund
Prosnitz
Mellnitz
Lüssow
Borgwallsee
Neu Lüdershagen
Venzvitz
Glutzow Siedlung
Devin
Zudar
Barthe
Niederhof
Negast
Neuhof
Losentitz
Lendershagen
Wendorf
96
Nienhagen
Brandshagen
Glewitz
Jakobsdorf
Steinhagen
Krummenhagen
Zarrendorf
Stahlbrode
Berthke
Elmenhorst
Ahrendsee
Oberhinrichshagen
Reinberg
Grün Kordshagen
Sundhagen
Falkenhagen
Deutsche Alleenstraße
Windebrak
Bookhagen
Richtenberg
Behnkendorf
Miltzow
Abtshagen
Hildebrandshagen
Reinkenhagen
Riemserort
Franzburg
Sievertshagen
Jeeser
Eichholz
Wittenhagen
Grist
Ungnade
Glashagen
Wilmshagen
Mannhagen
Kirchdorf
Ifsdorf
Buchholz
Stoltenhagen
Jager
Karlsberg
Papenhagen
Bremerhagen
Meseke
Rolofshagen
Hohenwarth
Hohenbarnekow
Schönenwalde
Willerswalde
Horst
Klein Kieshof
Bartmannshagen
Spliets dorf
Groß Petershagen
Steffenshagen
Wüst Eldena
Holthof
St. Marien-Kirche
Grimmen
Vorland
Quitzin
Jarmshagen
Wackerow
Kaschow
Grellenberg
Rathaus
Prützmannshagen
Willershusen
Ryck
Bassin
Grimmen-West
Neuendorf
Levenhagen
Boltenhagen
Trebel
Stralsund
Kirch Baggendorf
Jessin
Kreutzmannshagen
109
Alt Ungnade
Heilgeist
Zarrentin
Leyerhof
Grimmen-Ost
Klevenow
Griebenow
Wendisch Baggendorf
Borgstedt
Wüsteney
Greifswald
Hinrichshagen
Boltenhagen
Kandelin
Klein Bisdorf
Friedrichsfelde
Brönkow
Dönnie
Poggendorf
Groß Bisdorf
Neu Ungnade
Voigtsdorf
Süderholz
Subzow
Strelow
Rakow
Zarnewanz
Alt Pansow
Dersekow
Zarnekow
Deutsche Alleenstraße
Schmietkow
Klein Zastrow
Sestelin
Bretwisch
Glewitz
Sassen
Pustow
Nielitz
Treuen
Groß Zastrow
Jahnkow
Zarnekla
Düvier
Gülzowshof
Schwinge
Alt Negentin
Langenfelde
Roter Brückengraben
Drosedow
Vorbein
Passow
Görmin
Medrow
Trissow
Gösl ow
Annenhof
Toitz
-Trantow
Alt Jargenow
Volksdorf
Loitz
Peene
Nossendorf

A
B
C
1
2
3
4
5
6
Lübeck
Varnkevitz
Putgarten
Nonnevitz
Mattchow
Gramtitz
Lancken
Starrvitz
Deutsche Alleenstraße
Altenkirchen
Dranske
Wieker Bodden
Wiek
Breege
Drewoldke
Juliusruh
Wittow
Bohlendorf
Schmantevitz
Breeger Bodden
Bischofsdorf
Schaabe
Hünengräber
Dornbusch
Kloster
Grieben
Libben
Vitter Bodden
Bug
Rassower Strom
Vitte
Insel Hiddensee
Lebbin
Vieregge
Breetzer Bodden
Hochilgor
Neuenkirchen
Laase
Libnitz
Tetzitzer See
Nationalpark
Hiddensee
Neuendorf
Schaproder Bodden
Retelitz
Granskevitz
Trent
Tribbevitz
Schaprode
Öhe
56
Deutsche Alleenstraße
Rappin
Kartzitz
Udarser Wiek
Venz
Schweikvitz
Silenz
Vorpommersche
Gellen
Haide
Koselower See
Gagern
Kluis
Patzig
Ummanz
Dorfkirche
Waase
Rügen Park
Gingst
Pansevitz
Ramitz
Bock
Wusse
Thesenvitz
Barhöft
Freesenort
Steinshof
Boldevitz
Muglitz
Ummanz
Lieschow
Groß Kubitz
Neuendorf
Bergen auf Rügen
Heuwiese
Wendisch Langendorf
Unrow
Platvitz
Bisdorf
Klausdorf
Dreschvitz
Kubitzer
Boddenlandschaft
Liebitz
Landow
Groß Kubbelkow
Hohendorf
Groß Mohrdorf
Bodden
Güttin
2019
Tilzow
Sehlen
96
E251
Muuks
Breesen
Grabitz
Negast
Prohn
Parow
Rothenkirchen
Samtens
Schwedenstraße
Altenpleen
Kramerhof
Barnkevitz
Rambin
27
Karnitz
Ketelshagen
Preetz
Strelasund
E22
Fuchsberge
Schmedshagen
Scharpitz
Götemitz
Berglase
Kasnevitz
Krönnevitz
Altefähr
Jarkvitz
Frankenthal
Zansebuhr
STRALSUND
Deutsche Alleenstraße
Groß Stubben
29
Garz/Rügen
HanseDom
Ozeaneum
Tierpark
Meeresmus.
Nikolaikirche
Marienkirche
Gustow
Pantelitz
Poseritz
Zeiten
105
Martensdorf
24
Drigge
Hünengräber
Benz
Dumsevitz
Langendorf
Swantow
Hünengräber
Pütte
194
Sissow
5
Zimkendorf
Prosnitz
Silmenitz
Lüssow
Mellnitz
Borgwallsee
Neu Lüdershagen
Venzvitz
Glutzow Siedlung
Groß Schoritz
96
Devin
Zudar
Negast
Niederhof
Neuhof
Zicker
Wendorf
Losentitz
Nienhagen
Glewitz
Poppelvitz
E251
Brandshagen
Jakobsdorf
22
Zudar
Steinhagen
Krummenhagen
Zarrendorf
105
Stahlbrode
Palmer Ort
Ahrendsee
Oberhinrichshagen
Elmenhorst
Reinberg
Grün Kordshagen
Sundhagen
Deutsche Alleenstraße
Bookhagen
Falkenhagen
Windebrak
Miltzow
Behnkendorf
Hildebrandshagen
E22
Abtshagen
6
29
105
Reinkenhagen
Riemserort
Insel Riems
19
96
Sieverts-hagen
194
27
Wittenhagen
Jeeser
E251
131
132
Kirchdorf
Gristow
Mannhagen
Ungnade
Karrendorf
Buchholz
Papenhagen
Stoltenhagen
Karls-B.
Jager
Mesekenhagen

Arkona
D
E
F
1
2
3
4
5
6
5 km
3.11 mi
Trelleborg (Eisenbahn und Kfz.)
Rønne (Bornholm)
Ventspils, Sankt Petersburg, Baltijsk
Klaipėda
O S T S E E
Rügen
Lohme
Gr. Stubbenkammer
Königsstuhl
Kl. Stubbenkammer
Nardevitz
Ruschvitz
Nipmerow
Baldereck
Bobbin
Hagen
Schloss Spyker
Neddesitz
Piekberg
Nationalpark
Hünengräber
Jasmar Therme
Rusewase
Polchow
Jasmund
Schwedenstraße
Sagard
Sassnitz
Hünengräber
Dubnitz
Fährhafen Sassnitz
Lietzow
Neu Mukran
Hünengräber
Kleiner Jasmunder Bodden
Schmale Heide
Eisenbahn- und Technikmuseum Rügen
Stedar
Pulitz
Buschvitz
Prora
Prorer Wiek
Naturerbe Zentrum Rügen
Erlebnisbad
Streu
Lubkow
Karow
Schmachter See
Zirkow
Binz
Jagdschloss Granitz
Dolgemost
Sellin
Inselparadies
Serams
Rasender Roland
Hünengräber
Lancken-Granitz
Selliner See
Baabe
Deutsche Alleenstraße
Preetz
Seedorf
Vilmnitz
Putbus
Lauterbach
Biosphärenreservat
Neuendorf
Neu Reddevitz
Having
Middelhagen
Göhren
Nordperd
Alt Reddevitz
Lobbe
Neukamp
Vilm
Südost-Rügen
Mönchgut
Gager
Groß Zicker
Klein Zicker
Thiessow
Südperd
Greifswalder Oie
Greifswalder Bodden
Naturpark Insel Usedom
Ruden
Spandowerhagener Wiek
Struck
Peenemünde
Historisch-Technisches Informationszentrum der Raumfahrt (Raketenbau)
Kölpiensee
134

A
B
C
133
Greifswalder Bodden
Insel Riems
Riemserort
Koos
Insel Koos
Gristow
Karrendorf
Mesekenhagen
Kooser B.
Wampen
Neuenkirchen
Lubmin
Gahlkow
Vierow
Hoher B.
Nonnendorf
Freest
Spandowerhagen
Spandowerhagener Wiek
Struck
Gager
Göhren
Ruden
Loissin
Ludwigsburg
Wusterhusen
Voddow
Marienkirche
Wieck
Klosterruine
Wackerow
Dom St. Nikolai
Eldena
GREIFSWALD
Neuendorf
Brünzow
Pritzwald
Rubenow
Gustebin
Stilow
Ziese
Ziesebruch
Heilgeisthof
Kemnitz
Rappenhagen
Lodmannshagen
Groß Er
Hinrichshagen
Friedrichshagen
Wolgast
Netzeband
St. Petri-Kirche
Neu Ungnade
Helmshagen
Kemnitzerhagen
Neu Boltenhagen
Kühlenhagen
Katzow
Schalense
Subzow
Weitenhagen
Diedrichshagen
Hanshagen
Jägerhof
Pritzier
Grubenhagen
Schwedenstraße
Hohendorf
Sestelin
Wrangelsburg
Groß Kiesow
Gladrow
Lühmannsdorf
Dargelin
Behrenhoff
Sanz
Kessin
Alt Negentin
Krebsow
Brüssow
Buddenhagen
Stresow
Müssow
Klein Kiesow
Moeckow
Hohensee
Göslow
E251
Kammin
Radlow
Zarnekow
Schmoldow
Alt Jargenow
Dargezin
Dambeck
Thurow
Züssow
Steinfurth
Bandelin
Karlsburg
Schloss
Kuntzow
Kölzin
Wahlendow
Gützkow
Gribow
Oldenburg
Ranzin
Pamitz
Buggow
Neuendorf
Bömitz
Zarrenthin
Breechen
Groß-Jasedow
Groß Bünzow
Rubkow
Owstin
Schmatzin
Klein Bünzow
Krenzow
Jarmen
Pentin
Schlatkow
Groß Toitin
Lüssow
Konsages
Daugzin
Murchin
Priemen
Klein Toitin
Kagenow
Quilow
Salchow
Ziethen
Pätschow
Groß Polzin
Peene
Neetzow
Kadow
Liepen
Menzlin
Relzow
Preetzen
Stolpe an der Peene
Klein Below
Jagetzow
Dersewitz
Grüttow
Anklam
Steinmocker
Gramzow
Wussentin
Tramstow
Krusenfelde
Medow
Postlow
Görke
Pritzenow
Daberkow
Butzow
Krusenkrien
Brenkenhof
Krien
Blesewitz
Nerdin
Woserow
Bartow
Lüskow
Gellendin
Thurow
Sanitz
Pelsin
Wegezin
Neuenkirchen
Alt Teterin
Dargibell
Iven
Neuendorf B
Breest
Janow
Dennin
ehemalige Festung
Burg
Stretense
Neu Kosenow
Müggenburg
Spantekow
Burgruine Landskron
Japenzin
Panschow
Rossin
Großer Landgraben
Südkanal
Drewelow
Wusseken
Ducherow
Kölln
Rehberg
Rebelow
Hellberg
Wodarg
Ramelow
Borntin
Sarnow
Rathebu
Siedenbollentin
Schmuggerow
Schwanbeck
Schwerinsburg
Werder
Dishley
Boldekow
Glien
Zinzow
Putzar
Putzarer See
Löwitz
Altentreptow
Beseritz
Bresewitz
Landgraben
Grischow
Kleiner Landgraben
Dahlen
Der Werder
Sandhagen
Schwichtenberg
Brunn
Salow
Klockow
Ganzkow
Neubrandenburg-Nord
Pleetz
Friedland
MPSB Schmalspurbahn
Große

D
E
F
1
2
3
4
5
6
5 km
3.11 mi
København, Trelleborg
Ystad
O S T S E E
Technisches
szentrum
hrt (Raketenbau)
Schweden-
straße
seum
Karlshagen
ssenheide
lschow
Zinnowitz
Zempin
Bannemin
111
25
Krummin
Naturpark
Achterwasser
Neuendorf
Streckelsberg
60
Koserow
Kölpinsee
Stubbenfelde
Loddin
Ückeritz
Pommersche Bucht
Gnitz
Görmitz
Lütow
32
Wiek
Insel
Warthe
Lieper
Winkel
Grüssow
Liepe
Usedom
Pudagla
Schmollen-
see
Bansin
54
Bansin Dorf
Sellin
Heringsdorf
OstseeTherme
Usedom
Międzyzdroje
ehrland
Waschow
Dewichow
Rankwitz
Balm
Benz
Kückelsberg
58
Reetzow
Gothensee
14
Ahlbeck
ŚWINOUJŚCIE
Neppermin
U s e d o m
Krienke
Morgenitz
Mellenthin
Labömitz
Korswandt
59
Wolgastsee
Ulrichshorst
Katschow
Kachlin
Görke
Zirchow
110
Golm
59
Wydrzany
Garz
Kamminke
Kutzow
Dargen
Gummlin
Stolpe
auf Usedom
Suckow
27
30
Usedom
Usedomer
See
Welzin
Gellenthin
Karnin
Wilhelmshof
Karniner
Brücke
(Mittelteil)
Kamp
Buggenhagen
Jamitzow
Großer
See
36
chow
POLSKA
DEUTSCHLAND
Kan. Piastowski
Szczecin
Stettiner Haff
senhagen
Bugewitz
34
Leopolds-
hagen
Mönkebude
kstein
21
Świnoujście
Grambin
Kleines Haff
Siedlung
Altwarp
Altwarper
Binnendünen
Altwarp
25
Nowe Warpno
Ueckermünde
Schloss
Bellin
-Warsin
Vogelsang-
Neuendorf A
Lübs
Heinrichshof
Tierpark
Ueckermünde
Liepgarten
Rochow
Annenhof
Zarow
Meiersberg
Hoppenwalde
Ueckermünder Heide
Luckow
Neuwarper
See
Louisenhof
Sprengersfelde
Naturpark
Am Stettiner
Haff
Rieth
Garzberge
23
109
Blumenthal
Eggesin
Ferdinandshof
Eggesiner
Teerofen
Ahlbeck

KARTENLEGENDE

Autobahn mit Anschlussstelle und Anschlussnummern	Viernheim 45 45 36 24 12	Motorway with junction and junction number
Autobahn in Bau mit voraussichtlichem Fertigstellungsdatum	Datum Date	Motorway under construction with expected date of opening
Rasthaus mit Übernachtung · Raststätte	Kassel	Hotel, motel · Restaurant
Kiosk · Tankstelle		Snackbar · Filling-station
Autohof · Parkplatz mit WC		Truckstop · Parking place with WC
Autobahn-Gebührenstelle		Toll station
Autobahnähnliche Schnellstraße		Dual carriageway with motorway characteristics
Fernverkehrsstraße		Trunk road
Verbindungsstraße		Main road
Nebenstraßen		Secondary roads
Fahrweg · Fußweg		Carriageway · Footpath
Gebührenpflichtige Straße		Toll road
Straße für Kraftfahrzeuge gesperrt		Road closed for motor vehicles
Straße für Wohnanhänger gesperrt		Road closed for caravans
Straße für Wohnanhänger nicht empfehlenswert		Road not recommended for caravans
Autofähre · Autozug-Terminal		Car ferry · Autorail station
Hauptbahn · Bahnhof · Tunnel		Main line railway · Station · Tunnel
Besonders sehenswertes kulturelles Objekt	Neuschwanstein	Cultural site of particular interest
Besonders sehenswertes landschaftliches Objekt	Breitachklamm	Landscape of particular interest
MARCO POLO Erlebnistour 1		MARCO POLO Discovery Tour 1
MARCO POLO Erlebnistouren		MARCO POLO Discovery Tours
MARCO POLO Highlight	1	MARCO POLO Highlight
Landschaftlich schöne Strecke		Route with beautiful scenery
Touristenstraße	Hanse-Route	Tourist route
Museumseisenbahn		Tourist train
Kirche, Kapelle · Kirchenruine Kloster · Klosterruine		Church, chapel · Church ruin Monastery · Monastery ruin
Schloss, Burg · Burgruine Turm · Funk-, Fernsehturm		Palace, castle · Castle ruin Tower · Radio or TV tower
Leuchtturm · Windmühle Denkmal · Soldatenfriedhof		Lighthouse · Windmill Monument · Military cemetery
Ruine, frühgeschichtliche Stätte · Höhle Hotel, Gasthaus, Berghütte · Heilbad		Archaeological excavation, ruins · Cave Hotel, inn, refuge · Spa
Campingplatz · Jugendherberge Schwimmbad, Erlebnisbad, Strandbad · Golfplatz		Camping site · Youth hostel Swimming pool, leisure pool, beach · Golf-course
Botanischer Garten, sehenswerter Park · Zoologischer Garten		Botanical gardens, interesting park · Zoological garden
Bedeutendes Bauwerk · Bedeutendes Areal		Important building · Important area
Verkehrsflughafen · Regionalflughafen		Airport · Regional airport
Flugplatz · Segelflugplatz		Airfield · Gliding site
Boots- und Jachthafen		Marina

Schloss Bothmer
SCHLOSS
IN SICHT
Entdecken Sie den abenteuerlichen
Lebensweg von Hans Caspar Graf von Bothmer!
Schlossmuseum · Schlosspark
Restaurant und Café · Schlossladen
mv-schloesser.de
Staatliche Schlösser und Gärten
Mecklenburg-Vorpommern
Mecklenburg
Vorpommern
MV tut gut.

REGISTER

Im Register sind alle in diesem Reiseführer erwähnten Orte, Ausflugsziele und Sehenswürdigkeiten verzeichnet. Gefettete Seitenzahlen verweisen auf den Haupteintrag.

Ahlbeck **82**, 85, 90, 101, 110
Ahrenshoop 31, **54**, 99
Alter Hafen (Wismar) **41**, 98
Alter Strom (Warnemünde) 52
Altstadt Stralsund 99
Arkona 17
Atelier Otto Niemeyer-Holstein 94
Baabe 70, **79**
Bad Doberan **47**, 113, 114, 122
Bansin 82, **85**, 90
Barhöft 58
Barth 54, **57**, 103, 120
Baumwipfelpfad 68
Bergen **70**, 121
Binz 15, **68**, 70, 120
Biosphärenreservat Südost-Rügen 74
Boiensdorf 32
Boiensdorfer Werder 32
Boltenhagen 32, **34**, 112
Born 54, **59**
Breest 115
Burg Klempenow **115**, 117
Caspar-David-Friedrich-Zentrum 86
Damshagen 38
Darß 30, 109, 111
Darß-Museum 60
Darßer Arche 64
Darßer Ort 17, **60**
Darßwald 60, 61, 99
Deutsches Bernsteinmuseum 63
Deutsches Meeresmuseum 80
Dom Sankt Nikolai (Greifswald) 87
Dornbusch 17, **71**
Duft- und Tastgarten Papendorf **91**, 107
Eldena **87**, 101, 102
Erlebnisbauernhof Kliewe 115
Fischland 118
Fischland-Darß-Zingst 16, **54**, 120
Freest 23
Freilichtmuseum Klockenhagen 63
Gager 20, 74
Gelbensande 51
Glewitz 121
Gnitz 95
Göhren 70, **79**
Götemitz 31
Graal-Müritz 51
Greifswald 14, 15, 18, 19, 23, 24, 25, 52, 82, **86**, 89, 97, 100, 115, 116, 117, 118, 119, 121, 123
Greifswalder Oie 16, 95
Groß Kordshagen 59
Groß Mohrdorf 58
Groß Zicker 74
Großsteingräber 39
Heiligendamm 15, 44, **47**, 114, 116, 122
Heimatmuseum (Rambin) 76
Heimatmuseum (Rerik) 39
Heimatmuseum (Zinnowitz) 93
Heimatmuseum Warnemünde 52
Heimattierpark Greifswald 115
Heringsdorf 15, 85, **89**, 120
Hiddensee 17, 52, 61, 68, **71**, 109, 118, 119, 121, 122
Historisch-Technisches Museum 95
Hohen Schönberg 39
Jagdschloss Gelbensande 51
Jagdschloss Granitz **69**, 70
Kaffeebrenner 37
Kalkhorst 97
Kap Arkona **77**, 78, 119
Kirchdorf 36, 37
Kirr 67
Kloster 71, 72, 118
Klostergarten (Rostock) 48
Klotzow 107
Klütz 32, **37**, 39, 97
Klützer Winkel 37
Königsstuhl 77, 100
Korswandt 85
Koserow 94
Kranich-Informationszentrum 58
Krebsseen 85
Kreideküste 17, **77**, 100
Kühlung 44
Kühlungsborn **44**, 114, 122
Kulturhistorisches Museum 15, **48**
Kulturpfad (Wustrow) 65
Kunstkaten (Ahrenshoop) 55
Kunstmuseum Ahrenshoop 55, 99
Kunstpavillon (Heringsdorf) 89
Kunstpfad (Ahrenshoop) 55
Lassan 91, 92, 106
Lassaner Winkel 19, 82, **91**, 106
Lauterbach 20, 23, **73**, 99
Leonorenwald 39
Leuchtturm Dornbusch 71
Leuchtturm Warnemünde 52
Libnow 107
Liepe 91
Lieper Winkel 90
Lietzow 78
Literaturhaus Uwe Johnson 37
Lohme 78
Loissin 19, 89
Lubmin **89**, 100
Lütow 95
Mahn- und Gedenkstätte (Barth) 57
Malchow 39
Marienkirche (Rostock) 48
Marine Science Center 113
Marktplatz (Greifswald) 87
Marktplatz (Wismar) **42**, 98
Max-Hünten-Haus 115
Mellenthin 86
Molli **114**, 122
Mönchgut 74
Münster Bad Doberan 47, 113
Murchin 92
Museum Villa Irmgard 90
Museumshafen (Greifswald) 88, 100
Museumshof Puddemin 76
Museumshof Zingst **67**, 104
Nantrow 33
Neu Mukran 110, 121
Neu-Sallenthin 85
Neuburg 32
Neuendorf 71, 95
Neuer Markt (Rostock) 48
Nordperd 79
Ohe 73
Orangerie (Putbus) 75
Ostsee-Grenzturm 45
Ozeaneum 14, **80**, 99
Papendorf **91**, 107
Peenemünde 20, **95**
Pepelow 32, 34
Petrikirche (Rostock) 48
Pfarrwitwenhaus 74
Pinnow 107
Poel 32, **36**, 39, 98, 116
Poeler Kogge (Wismar) **42**, 98
Pommersches Landesmuseum 15, **88**
Pramort 17, 58, 67
Prerow 30, 54, **60**, 103, 105, 108
Promenadenhalle Zinnowitz 115
Prora 69
Puddemin 76
Pulow 92, 106
Putbus 70, **74**, 100
Quilitz 91
Ralswiek 116
Rambin 76
Rankwitz 91
Rasender Roland **70**, 122
Rerik 32, **39**
Ribnitz-Damgarten 54, **62**, 120, 121, 123
Rostock 14, 15, 16, 18, 19, 24, 25, 44, **48**, 52, 97, 98, 114, 116, 118, 119, 120, 121, 123
Rügen 16, 17, 31, 68, 99, 109, 110, 111, 116, 120, 121, 123, 140
Rungehaus 95
Salzhaff 32
Sankt Nikolai zu Bauer **92**, 106
Sassnitz **76**, 100, 120
Schabbellhaus 42
Schaprode 73
Schaugarten der Hochschule Wismar 39
Schloss Bothmer 37
Schmidtbülten 105
Seebrücke Ahlbeck **82**, 101
Seebrücke Sellin 79
Seebrücke Zingst 105
Sellin 70, **78**
Spandowerhagen 111
Spielkarten-Fabrik 80
Stadt- und Bädermuseum (Bad Doberan) 47
Stadtgeschichtliches Museum (Wismar) 42
Stadtmuseum (Wolgast) 95
Stahlbrode 121
Steinbeck 35
Steinzeitdorf Kussow **35**, 98

Stellshagen 38
Stolpe 100
Stralsund 13, 14, 15, 16, 25, 68, 76, **79**, 97, 99, 118, 120, 121, 123
Stubbenfelde 86
Swinemünde 82, **84**, 85, 89, 120, 123
Tarnewitz 34
Theater Putbus 75
Timmendorf 37, 98
Ummanz 115
Usedom 16, 17, 52, **82**, 100, 109, 116, 118, 119, 120, 121, 123, 140
Villa Meyer 93
Vilm 73
Vineta-Museum (Barth) 57
Vitte 71, 76
Warnemünde 19, 44, **51**, 114
Wehrland 92, 106
Weststrand (Darß) **60**, 99
Wieck (Darß) 54, **63**, 99
Wieck (Greifswald) 23, **88**, 102
Wismar 13, 14, 16, 18, 25, 32, **41**, 97, 98, 117, 119, 121, 123
Wolgast **95**, 100, 106, 107, 121
Wolgastsee 85
Wustrow (Halbinsel) 40
Wustrow (Ort) 54, **64**
Zicker Berge 74
Zingst 17, 20, 54, **66**, 103, 104, 115
Zinnowitz 16, **92**, 115
Zoo Rostock 114
Zudar 74
Züssow 120

SCHREIBEN SIE UNS!

Egal, was Ihnen Tolles im Urlaub begegnet oder Ihnen auf der Seele brennt, lassen Sie es uns wissen! Ob Lob, Kritik oder Ihr ganz persönlicher Tipp – die MARCO POLO Redaktion freut sich auf Ihre Infos.
Wir setzen alles dran, Ihnen möglichst aktuelle Informationen mit auf die Reise zu geben. Dennoch schleichen sich manchmal Fehler ein – trotz gründlicher Recherche unserer Autoren/innen. Sie haben sicherlich Verständnis, dass der Verlag dafür keine Haftung übernehmen kann.

MARCO POLO Redaktion
MAIRDUMONT
Postfach 31 51
73751 Ostfildern
info@marcopolo.de

IMPRESSUM
Titelbild: Hiddensee, Strand auf dem Gellen (Schapowalow: R. Schmid)
Fotos: W. Dieterich (30, 108/109); DuMont Bildarchiv: S. Lubenow (88); Getty Images/Digital Vision (18 M.); O. Heinze (77); huber-images: C. Bäck (4 o., 32/33, 78, 96/97, 124/125), C. Dörr (75, 116/117), S. Lubenow (Klappe l.), R. Schmid (2, 4 u., 6, 42, 49, 54/55, 68/69, 114); Laif: J. Arlt (56), R. Brunner (51), D. Eisermann (82/83), P. Hahn (94), M. Jäger (22), G. Knoll (107), G. Lengler (5, 59, 111, 118 u.), D. Schwelle (61), G. Westrich (38, 62, 81), C. Zahn (66, 84); Laif/Zenit: P. Langrock (72, 118 o.); Look: C. Bäck (8), Engel & Gielen (105), T. Grundner (11, 46), A. Haug (41), K. Jäger (53), Rötting/Pollex (112/113), H. Wohner (91), K. Wothe (17); A. Lübbert (1 u.); mauritius images: F. Herrmann (70), C. Lux (65), Novarc (3), Novarc/H. P. Szyszka (93), Novarc/N. Stengert (Klappe r.), pa (28 l.), M. Siepmann (31); mauritius images/Alamy (12/13, 110, 119); mauritius images/Blend Images: Shestock (19 u.); mauritius images/foodcollection: (26/27), M. Habel (28 r.); mauritius images/imagebroker: U. Faust (117), H. Lippert (30/31), H. Meyer zu Capellen (15), M. Siepmann (9); mauritius images/Westend 61: T. Becker (87), G. Fochesato (18 u.), U. Umstätter (18 o.); picture-alliance/dpa: S. Sauer (116); picture-alliance/Westend61: S. Brookland (19 o.), M. Stuart (34); picture-alliance/ZB: J. Büttner (7, 10, 20/21); Schapowalow: R. Schmid (1 o.); vario images/imagebroker (36/37); Visum: S. Pfütze (29), M. Zwick (25, 44/45)

17., komplett neu erstellte Auflage 2018

Chefredaktion: Marion Zorn
Autorin: Anke Lübbert; Redaktion: Ulrike Frühwald
Verlagsredaktion: Lucas Forst-Gill, Susanne Heimburger, Johanna Jiranek, Nikolai Michaelis, Kristin Wittemann, Tim Wohlbold; Bildredaktion: Gabriele Forst, Anja Schlatterer
Kartografie Reiseatlas: © MAIRDUMONT, Ostfildern; Kartografie Faltkarte: © MAIRDUMONT, Ostfildern
Gestaltung Cover, S. 1, Faltkartencover: Karl Anders – Studio für Brand Profiling, Hamburg; Gestaltung innen: milchhof:atelier, Berlin; Gestaltung S. 2/3, Erlebnistouren: Susan Chaaban Dipl.-Des. (FH)

BLOSS NICHT

Ein paar Dinge, die man an der Ostseeküste besser lassen sollte

ZU WENIG RESPEKT VOR DEM ABGRUND HABEN

Immer wieder stürzen Wanderer von den Rändern der Steilküsten in die Tiefe. Auch wenn Warnschilder oder Geländer fehlen: Halten Sie Abstand von der Kliffkante!

BERNSTEIN MIT PHOSPHOR VERWECHSELN

Sieht aus wie Bernstein, fängt aber an der Luft an zu brennen: Phosphor aus Brandbomben des Zweiten Weltkriegs mischt sich vor allem auf Usedom und Rügen zuweilen mit anderem Strandgut am Spülsaum. Das hilft: Bernstein in einer verschließbaren Dose aufbewahren, auf nicht brennbarem Untergrund trocknen lassen und dabei beobachten. Sollte es anfangen zu brennen, nicht mit Wasser, sondern mit Sand löschen!

ÜBERALL DURCHLAUFEN

Die Schilder stehen da nicht, um Sie zu ärgern. Sondern weil die Natur Schonräume braucht, in denen Vögel in Ruhe brüten und die Vegetation wachsen kann. Gerade auch an Düne und Strand, wo zarte Pflanzen schnell zertreten werden.

LEICHTSINNIG WERDEN

Keine Ebbe, keine Flut, flache Küsten. Die Ostsee hat nicht gerade den Ruf, ein gefährliches Meer zu sein. Und tatsächlich weht der Wind oft nicht ganz so stark und auch die Wellen fallen hier oft eine Nummer kleiner aus als an der Nordsee. Aber bei bestimmten Windlagen gibt es auch hier hohe Wellen. Und sogar Unterströmungen, die Badende schnell unter Wasser ziehen können. Deshalb gelten die üblichen Vorsichtsmaßnahmen und der gesunde Menschenverstand: nicht zu weit rausschwimmen, bewachte Badestrände bevorzugen, auf Warnhinweise und Mitmenschen achten. Und die eigenen Kräfte nicht überschätzen.

DEN BESSERWESSI RAUSKEHREN

Im Großen und Ganzen ist es kaum noch Thema, ob man aus Ost oder West kommt. Wenn aber jemand au[f] dem Marktplatz steht und eine Spur zu laut „Aus Greifswald ist ja doch noch was geworden" sagt, dann kommt dieser Hauch von Überheblichkeit auch mehr als 25 Jahre nach der Wende nicht gut an.

SICH IN NEOPREN HÜLLEN

Bitte nicht, kaufen Sie keinen Neoprenanzug. Vor ein paar Jahren waren sie noch den Surfern und Langstreckenschwimmern vorbehalten, mittlerweile sieht man sie immer öfter, wenn auch (noch) nicht in Mecklenburg-Vorpommern. Ein „Neo" ist exakt das Stück im Reisegepäck, für das Sie eine Extratasche mitnehmen müssen. Dabei ist er das perfekte Beispiel, wie Bedürfnisse kreiert werden, die ursprünglich gar nicht existiert haben. Denn die Ostsee ist zwar kälter als das Mittelmeer, aber das wollen wir auch spüren, oder?